AF373097

DE

LA BASSE

SOUS LE CHANT

ou l'Art

d'accompagner la Mélodie

ET DU

Contrepoint et De la Fugue,

Suite et complément à l'harmonie

dans ses plus grands développemens, présentée sous un jour entièrement nouveau

PAR

T. R. POISSON,

du Conservatoire R.al de Musique de Paris,
Lauréat de l'Institut de France &.a

Prix 20.f sans remise

AV

PARIS, chez M.me V.ve CANAUX, Editeur de Musique, Rue S.te Appoline, 15.
et chez l'AUTEUR, Barrière du Roule, 36.

1846

QUELQUES LIGNES POUR SERVIR À L'INTELLIGENCE
DE LA BASSE SOUS LE CHANT.

En mettant au jour LA BASSE SOUS LE CHANT OU L'ART D'ACCOMPAGNER LA MÉLODIE, je ne fais que remplir un engagement que j'ai contracté envers le public, lors de l'apparition de mon Traité d'Harmonie sous le titre de l'HARMONIE DANS SES PLUS GRANDS DÉVELOPPEMENTS, PRÉSENTÉE SOUS UN JOUR ENTIÈREMENT NOUVEAU, seulement aurais-je dû le lui livrer plutôt, si je n'avais pas été arrêté dans mon travail par des difficultés sans nombre dont j'étais loin de prévoir l'existence.

Il n'est pas nécessaire de dire que cet ouvrage qui fait suite à ce traité d'Harmonie est aussi une création entièrement nouvelle et que jusqu'à nos jours, malgré son extrême nécessité personne n'avait essayé ou pensé entreprendre ; si j'ai conçu l'idée et si je l'ai mis à exécution, je l'avourai, c'est par le souvenir du plaisir que j'aurais eu moi-même lors de mes études musicales, et je crois que les amateurs doivent ressentir aussi, de rencontrer un ouvrage comme celui-ci, c'est-à-dire un ouvrage qui traitât spécialement de l'art de mettre la Basse sous le chant.

Il me suffira de dire que pour bien comprendre cette suite ou seconde Partie, il est important d'en connaître la première, sans quoi, il faudrait entrer dans une foule d'explications qui ne seraient que des répétitions de ce qui a déjà été dit ; ainsi on va entrer ici en matière sachant qu'il n'y a que TROIS ACCORDS dans tout le système harmonique, l'ACCORD PARFAIT dit TONIQUE, l'accord de DOMINANTE, et celui de SOUS-DOMINANTE,[*] que l'ACCORD PARFAIT dit TONIQUE se pose le plus souvent sur la Tonique ou première note du ton et se compose d'une TIERCE et d'une QUINTE, que l'accord de DOMINANTE qui se pose sur la cinquième note du ton se compose d'une TIERCE et d'une QUINTE, qu'on peut ajouter à cet accord une SEPTIÈME, et qu'on appelle alors SEPTIÈME DE DOMINANTE, que l'accord de SOUS-DOMINANTE se pose sur la quatrième note de la gamme en montant, se compose d'une TIERCE d'une QUINTE et d'une SIXTE, comme on le voit ci-après.

Qu'il y a deux modes, l'un Majeur et l'autre Mineur, que dans le mode majeur la première tierce de chaque accord est majeure comme on le voit ci-dessus ; et que dans le mode mineur la première tierce de chaque accord est mineure, excepté la Dominante ou 7.me de Dominante qui demande la tierce majeure comme on le voit ci-après.

(*) Bien que la Sous-Dominante doive marcher comme nomenclature avant la Dominante, elle est mise ici en dernier n'étant qu'en troisième ordre dans la formation de l'Harmonie.

Que chacun des trois accords peut se renverser et produire les Intervalles suivants:

ACCORD PARFAIT dit TONIQUE.

1.er Renversement............3.ce et 6.te

2.me Renversement............4.te et 6.te

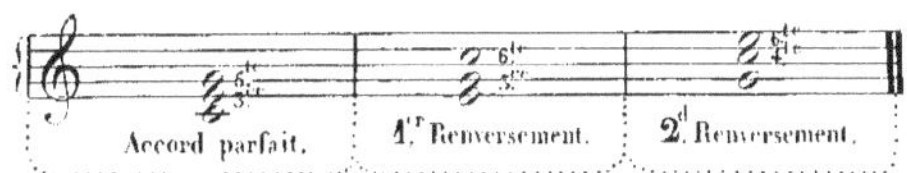

ACCORD de DOMINANTE.

1.er Renversement............3.ce et 6.te

2.d Renversement............4.te et 6.te

Même ACCORD de DOMINANTE avec la 7.me en sus.

1.er Renversement............3.ce 5.te et 6.te

2.me Renversement............3.ce 4.te et 6.te

3.me Renversement............2.de 4.te et 6.te

ACCORD de SOUS - DOMINANTE.

1.er Renversement............3.ce 4.te et 6.te

2.d Renversement............2.de 4.te et 6.te

3.me Renversement............3.ce 5.te et 7.me

(✿) Comme on l'a vu dans la première Partie de cet ouvrage la véritable origine de la Sous-Dominante [1] est son troisième Renversement que l'on pourrait appeler 7.me de second dégré, car en effet cette 7.me se trouve posée sur le second dégré de la Gamme.

[1] Pour qu'un Accord soit dans son origine c'est-à-dire fondamental, il faut que les notes qui le composent soient posées de Tierce en Tierce, disposé de la sorte, c'est la note la plus basse de l'accord qui est la basse ou note fondamentale.

4

Qu'en supprimant la note fondamentale de la 7.me de Dominante, cet accord ne forme plus que celui de QUINTE DIMINUÉE qui se trouve être naturellement sur la note sensible du ton comme on le voit ci-après.

Qu'en ajoutant une Tierce majeure de plus à la 7.me de Dominante, elle devient 7.me et 9.me majeure de Dominante, et que si cette tierce est mineure, elle devient 7.me et 9.me mineure de dominante, comme on le voit ci-après.

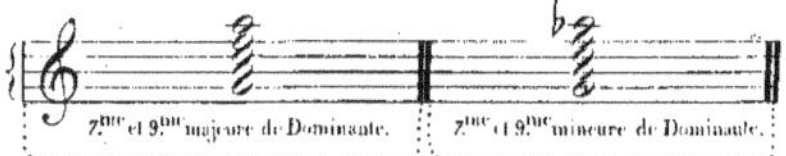

Qu'en retranchant la note fondamentale de ces deux 7.me et 9.me majeure et mineure de Dominante, on obtient deux 7.mes l'une que l'on appelle 7.me sensible, et l'autre une 7.me diminuée et que ces deux 7.mes se posent sur la note sensible du ton, comme on le voit ci-après.

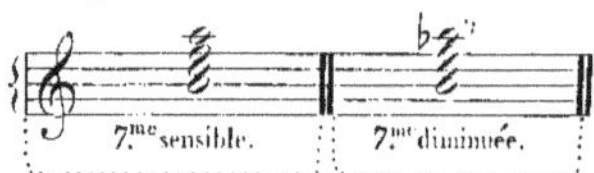

Que la 7.me sensible ressemble exactement quant à ses intervalles à la sous-dominante de son ton relatif mineur, en effet en prenant le ton relatif d'UT qui est LA MINEUR et examinant la Sous-Dominante de ce dernier ton, et la 7.me sur la note sensible du ton d'UT, on voit que se sont les mêmes notes, seulement que ces deux accords ne jouent pas le même rôle dans leur résolution.

Que la 7.me diminuée appartient aussi bien au mode majeur qu'au mode mineur.

Qu'en retranchant la note fondamentale de cette 7.me diminuée on obtient encore une autre quinte diminuée, comme on le voit ci-après.

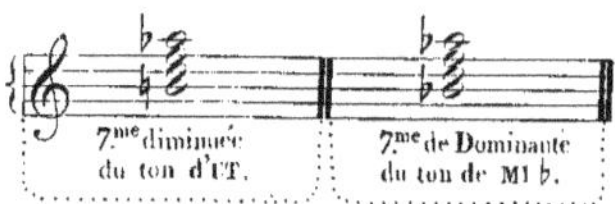

Que cette quinte diminuée et la précédente n'ont pas par conséquent de caractère particulier, car elles peuvent appartenir à une 7.me diminuée comme à une 7.me de Dominante suivant la basse fondamentale qu'on lui mettra, qu'en effet peut avoir pour basse fondamentale ou SI ♮ ou SI ♭, que dans le premier cas ce serait une 7.me diminuée et dans le second une 7.me de Dominante comme on le voit ci-après.

Que les trois accords y compris les dérivés de la Dominante peuvent être altérés dans presque tous leurs intervalles sans pour cela cesser d'être ACCORD PARFAIT dit TONIQUE, ACCORD de DOMINANTE, ou ses dérivés et ACCORD de SOUS-DOMINANTE, et d'en subir les mêmes conséquences, que s'ils étaient sans altérations, &, &, &...

Comme il est bien claire que les trois grands moteurs de l'Harmonie sont la TONIQUE la DOMINANTE et la SOUS-DOMINANTE, il est tout simple aussi de supposer qu'avec les trois notes fondamentales de ces accords on peut mettre la basse à toute espèce de mélodie, c'est ce qui est en effet, et c'est ce qui va être d'abord démontré dans cet ouvrage. (☆)

Quoique les trois notes fondamentales des trois accords soient la basse la plus naturelle, étant prise à sa source, néanmoins comparativement aux basses produites par le renversement de ces trois accords, ces notes fond. sont presqu'en minorité dans le courant de l'harmonie, c'est donc le mélange des trois notes fondamentales des trois accords et les basses que produisent leurs renversements adroitement combinés qui forment une basse non seulement juste, mais encore riche, enfin une basse liée étroitement avec le sens de la mélodie.

De même que dans la première Partie de cet ouvrage on a été du simple au composé, de même aussi dans celui-ci on va commencer par les basses les plus simples puis progressivement jusqu'aux plus recherchées.

Cette Seconde Partie s'étendra jusqu'à la FUGUE en y comprenant bien entendu les IMITATIONS, les CANONS et le CONTRE-POINT, parties intégrantes de la fugue. Ce n'est pas que hors les IMITATIONS, les CANONS et le CONTRE-POINT soient nécessaires pour apprendre à mettre une basse sous un chant, et encore moins la FUGUE puisqu'elle n'est imaginée que pour régler la conduite d'un morceau de Musique, à tirer toutes les conséquences d'une phrase musicale, en un mot, à en développer jusqu'à sa plus petite partie, mais c'est pour réunir dans cet ouvrage toutes les connaissances nécessaires à l'art de la composition musicale.

(☆) C'est un fait qu'il n'est pas de compositions musicales sans aucune exception, qui ne soient susceptibles de n'avoir pour basse rien que les trois notes fondamentales des trois accords.

Texte, Musique et Impression
par CHIARINI, rue Montorgueil, 55.

ARTICLE PRÉLIMINAIRE.

DES CLEFS ET DES VOIX.

Avant de mettre sous les yeux les règles pour mettre la Basse sous le chant, il est important de donner quelques notions sur les Clefs, la place qu'elles occupent dans le parcours de l'échelle musicale, et de faire connaître le rapport qu'ont les voix entre elles, leurs noms, leur étendue, et les Clefs qui leurs sont propres.

Comme l'on sait il y a sept Clefs, savoir: une Clef de SOL, quatre Clefs d'UT, et deux Clefs de FA, représentées ainsi qu'il suit.

Les notes qui sont sur chacune des sept clefs comme on voit représentent chacune un UT et quoique ces UT soient posés du haut en bas des lignes de l'échelle musicale, ces sept notes sont pareilles, c'est-à-dire, sont sept unissons, ainsi on voudrait écrire en clef de Sol les quatre UT des quatre clefs d'UT, et les deux UT des deux clefs de Fa, ils seraient tous rendus par cette seule note.

C'est sur quelques unes de ces clefs que l'on écrit les six espèces de voix que l'on rencontre dans la musique vocale; dans ces six espèces de voix il y en a trois d'homme et trois de femme.

Des trois voix d'homme, leurs noms, leur étendue, et les Clefs qui leur sont propres.

Des trois voix de Femme, leurs noms, leur étendue, et les Clefs qui leur sont propres.

On observera qu'ayant donné ici la plus grande étendue de chacune des voix; il faut quand on écrit pour des chœurs restreindre cette étendue d'une tierce sur leur élévation sans quoi on aurait toujours qu'une exécution dure, criarde et la plupart du temps fausse.

Classiquement parlant, la voix de 1.er Soprano devrait s'écrire sur la clef d'ut première ligne, le second Soprano sur la clef d'ut seconde ligne et le Contralto sur la clef d'ut troisième ligne pour que ces voix ayent leurs notes ni trop au dessus ni trop au dessous de la portée, mais aujourd'hui l'usage semble prévaloir pour ne se servir que de la clef de Sol, surtout depuis qu'on réduit toutes les partitions pour le Piano.

La voix de Contralto chez les femmes est comme on vient de le voir la plus basse des trois, elle rejoint dans l'échelle musicale par ses sons graves les notes des voix d'homme les plus élevées; c'est tellement vrai qu'il y a une espèce de voix d'homme que l'on appelle Haute-contre qui fait exactement les mêmes notes que la voix de contralto, seulement comme Haute-contre on écrit cette voix sur la clef d'UT troisième ligne.

Etendue de la voix de Haute-contre avec l'emploi de sa clef.

Si l'on n'a pas fait entrer cette Haute-contre dans le nombre des voix d'homme, c'est qu'on ne s'en sert presque plus, étant devenue excessivement rare; après l'avoir employée anciennement comme voix Solo dans les Opéras, on l'a reléguée dans les chœurs et enfin maintenant on la remplace par une voix de Tenor un peu élevée de manière que présentement dans les chœurs d'homme il y a toujours deux parties de Tenor une première et une seconde.

REMARQUE SUR LES VOIX D'HOMME.

Il s'opère dans la voix des jeunes gens une grande révolution; tant que la mue n'est pas venue chez eux, les sons qu'ils donnent sont à l'unisson de ceux de la voix de femme, ainsi: chanté par une femme et le même chanté par un garçon dont la voix n'a pas encore muée est le même son, mais du moment que cette mue est arrivée cette voix transporte tous ses sons une octave plus bas, ainsi pour rendre au même degré l'UT précédent, il faudrait le faire alors une octave plus haut par la voix d'homme pour être à l'unisson de celui de la voix de femme, hors c'est ce qui fait que pour transcrire en clef de Sol l'UT de la voix de Tenor sur la clef d'UT quatrième ligne comme il suit il faudrait l'écrire à cette octave tel est l'effet des voix d'homme, car on conçoit que si cet UT sur la Clef d'UT quatrième ligne était joué par un Violon ou tout autre instrument qui rendît ses sons où ils sont marqués, il faudrait pour l'écrire en clef de Sol, le mettre à cette octave Cette observation que l'on vient de faire pour les Tenors est commune à toutes les autres voix d'homme, ainsi on voudrait transcrire en Clef de Sol l'UT suivant: de Clef de FA chanté par une Basse taille, il faudrait l'écrire comme il suit: parceque avec l'apparence de le chanter à cette octave, il ne serait effectivement que l'UT une Octave plus bas représenté par cet UT  (1)

C'est par la différence qui existe entre la voix d'homme qui rend tous ses sons comme il vient d'être dit une octave plus bas que les voix de femme, qui fait que dans un DUO, TRIO, QUATUOR, &c...... où la voix de Tenor est transposée dans la Clef de Sol, cette voix paraît presque toujours écrite plus haut que la voix de Soprano ou dessus, ce qui de fait n'est pas, d'après ce que l'on vient de voir; ainsi donc si l'on voulait faire chanter par un Soprano et un Tenor le passage suivant écrit pour deux Soprani,

---

(1) C'est pourquoi l'UT que voici de Tenor et l'UT que voici de Basse-taille quoiqu'étant en apparence le même ne l'est pas, parceque le Tenor ne fait effectivement que celui-ci et que la basse-taille ne fait que celle-ci

8

il faudrait pour que les deux voix soient à même distance, c'est-à-dire à distance de tierce comme on le voit é-
crit pour les deux voix de femme, le rendre de la manière suivante,

et mettre en marge le nom des voix qui doivent chanter, car on conçoit que s'il n'y avait aucune indication et
que des voix pareilles voulussent exécuter cette phrase de chant, ce serait la partie secondaire qui domine-
rait, étant la partie la plus haute; ainsi donc on comprend maintenant que la partie de Tenor du Duo précédent
écrite comme ci-dessus, ou comme il va suivre, est exactement la même chose:

mais on le répète encore ici, si ces notes de la même clef d'UT quatrième ligne étaient exécutées par tel instrument que
ce soit qui rende ses sons où ils sont marqués, par exemple le basson, ces notes se trouveraient placées ainsi qu'il suit:

C'est d'après l'emploi des différentes espèces de voix que dépend la manière d'étager l'harmonie afin de faire
chanter chacune d'elles dans leur diapason, c'est pourquoi, si l'on veut rendre le passage suivant

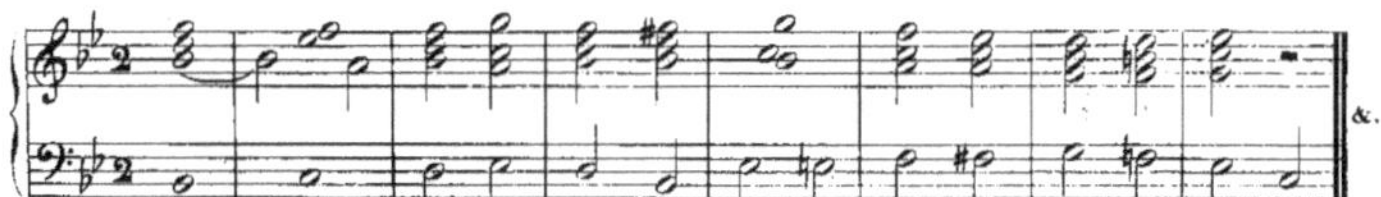

par deux SOPRANI, TENOR et BASSE, sans rien changer aux parties on mettra la partie la plus haute au premier SOPRANO celle qui vient immédiatement après au deuxième Soprano, la note la plus près de la basse au
Tenor et la basse à la Basse-taille ainsi qu'il suit:

Mais si l'on voulait faire chanter cette même harmonie par un Soprano, un Contralto un Ténor et une Basse-taille, pour écrire chacune de ces voix dans leur diapason et avoir à peu près la même distance entre chaque partie, il faudrait mettre les deux voix du milieu à la place l'une de l'autre c'est-à-dire la partie de Ténor à la place du Contralto et le second Soprano au Ténor, ainsi qu'il suit.

Comme on voit cela ne change rien à la marche des parties, elles sont seulement à la place l'une de l'autre sans changer leur conduite, car cette conduite ne peut véritablement éprouver de dérangement qu'autant que dans la position régulière des parties il y aurait dans l'intérieur de l'harmonie par mouvement direct plusieurs quartes justes de suite, qui produiraient dans leurs renversements des quintes de suite qui sont comme l'on sait défendues,* mais hors cette circonstance il ne doit pas y avoir de changement; c'est pour cela que dans l'Harmonie précédente comme il n'y a pas de quarte juste de suite on a fait que mettre strictement une partie pour l'autre, ce qui fait que réduit pour le piano cela donne la disposition suivante.

Il y a de même que dans les voix, quelques instruments d'orchestre qui ne rendent pas leurs sons où ils sont notés, quoique ce pourrait être ici le lieu d'en parler, le but de cette Méthode étant de traiter spécialement l'art de mettre la basse sous le chant, fait que pour entrer plus vite en matière, ces remarques jointes à la connaissance de tous les instruments d'orchestre, de leur étendue et de leur rapport entr'eux sont renvoyées à la fin de cet ouvrage.

(*) En effet les Quintes justes de suite par mouvement semblable ainsi que les octaves sont défendues, il n'y a que les Quintes et les Octaves de suite par mouvement contraire qui puissent se pratiquer.

ARTICLE I.er

DE LA BASSE.

La Basse est comme l'on sait la partie la plus basse de la musique.

—— La Basse après le chant est la partie la plus importante d'une composition musicale.

—— Il faut éviter généralement de faire sauter les basses, c'est-à-dire leur donner de trop grands écarts, à moins que cela ne soit justifié par des effets particuliers que l'on voudrait produire.

Il faut aussi éviter les intervalles difficiles d'intonation, tels que des distances d'octave augmentée, de Septième majeure, de neuvième soit majeure, mineure, ou augmentée, de Dixième diminuée, et tant d'autres. Ces observations sont de toute rigueur quand on écrit pour des voix, parceque ces écarts sont non seulement comme il vient d'être dit, d'une exécution difficile mais encore peu agréables à l'oreille. Cette règle n'est que pour les basses lourdes où chaque note porte son harmonie telles que

car dans le cas où ces intervalles seraient produits par des petites notes, ou des notes de goût, et par conséquent faisant une espèce de mélodie; il ne peut y avoir de règles à suivre, cela entrant dans le domaine de l'imagination, aussi ces mêmes intervalles défendus dans le premier cas ne le sont plus écrits de la manière suivante.

L'octave juste est celui des intervalles écartés qui est le plus agréable par le mouvement qu'il procure à une basse, on peut en juger par l'exemple qui suit :

Il faut éviter que la basse soit trop écartée du chant, le plus grand éloignement que l'on puisse lui don_ner est de trois octaves ; cette règle n'est pourtant pas de rigueur, néanmoins l'harmonie plus éloignée cesserait de produire un bon effet ; ceci est pour la musique instrumentale, car pour la musique vocale, elle doit être beaucoup plus rapprochée.

Il faut remarquer en outre que dans la musique instrumentale ou vocale, il est nécessaire aussi de proportionner l'écartement de la basse à la quantité de parties qui se trouvent entr'elle et le chant, c'est pourquoi si la composition n'est qu'à peu de parties, la basse demendera généralement à être plus rap_prochée du chant que si elle était à un plus grand nombre.

Quand une composition n'est qu'à un petit nombre de parties, il est plus convenable de ne mettre pour basse que des notes formant une harmonie simple et naturelle, afin de laisser les basses recherchées aux compositions qui peuvent faire entendre toutes les notes de l'harmonie.

La même observation doit être faite aussi pour les compositions légères, et pour celles qui sont de courtes durées, en effet il serait peu convenable de mettre des basses développant toutes les ressources de l'harmonie, à des sujets mélodiques sans importance ; ce serait comme si un architecte voulait mettre des colonnes de marbre à un bâtiment couvert en chaume ; il faut en tout de l'ORDRE, du RAPPORT, de l'UNITÉ, enfin un air de famille.

La basse doit marcher autant que possible en mouvement contraire du chant, c'est-à-dire qu'elle doit monter quand le chant descend, et qu'elle doit descendre quand le chant monte ; le mouvement contraire n'étant pas de rigueur, on fait observer seulement que c'est plus élégant, et plus riche d'écrire de la sorte, que de faire marcher les parties par mouvement semblable, c'est pourquoi la basse de l'exemple suivant qui marche presque toujours par mouvement semblable ne vaut pas celle qui va lui succéder.

Même phrase de chant rendue plus riche avec une basse par mouvement contraire à la mélodie.

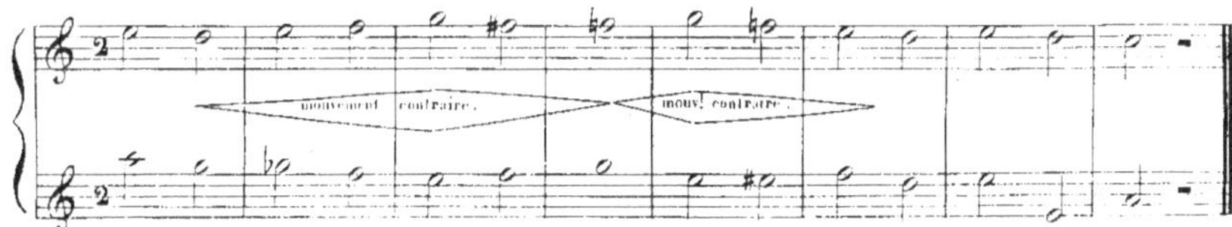

2des S.

ARTICLE 2.

DES TROIS NOTES FORMANT LA BASSE NATURELLE
OU FONDAMENTALE DE TOUTE LA MUSIQUE.

On peut n'employer pour basse sous une mélodie quelconque soit du mode majeur ou mineur que les trois notes fondamentales des trois accords de Tonique de Dominante et de Sous-Dominante, ainsi ; si un chant est dans le ton d'UT majeur ou mineur, la basse pourra se faire rien qu'avec les trois notes UT Tonique SOL Dominante et FA sous-Dominante, en observant que si le chant module, il faudra bien entendu mettre les trois nouvelles notes des tons dans lesquels on ira.

Pour placer à propos ces trois notes il est bon de se rappeler ce qui a été dit dans la première partie de cet ouvrage relativement à la marche naturelle des trois accords, savoir, que

L'Accord parfait dit Tonique se pose principalement sur la première note du ton, et qu'il est le seul des trois accords qui soit indépendant, qu'il forme un tout complet à lui seul, et qu'il peut en outre aller indistinctement à la dominante ou à la sous-Dominante.

L'Accord de Dominante ou de 7.me de Dominante se pose sur la cinquième note du ton et qu'il a sa marche naturelle sur la Tonique, il est posé en principe fondamental qu'il ne doit pas aller à la sous-Dominante à moins de cas particuliers que l'on fera connaître plus tard.

L'Accord de Sous-Dominante se pose sur la quatrième note du ton en montant et qu'il a sa marche naturelle sur la Dominante, quelquefois sur la tonique, et que dans ce dernier cas il est privé de sa Quinte ou de sa Sixte.

C'est de cette marche des trois accords que dépend la conduite des basses, et c'est par cette raison que pour adopter ces notes sous une mélodie, il faut toujours savoir par avance D'OU L'ON VIENT ET OU L'ON VA maxime que l'on ne saurait trop se rappeler; en effet, il faut considérer ce qui précède et ce qui suit l'accord que l'on veut adopter dans le moment présent, car dans la mélodie suivante.

qui est dans le ton d'UT, et ou par conséquent on ne doit mettre pour basse que l'UT, le SOL, ou le FA ; si l'on voulait mettre la Sous-Dominante FA sous l'UT de la troisième mesure, quoique cet UT entre dans la composition de l'accord, cela serait mauvais faute d'avoir prévu que cette Sous-Dominante viendrait après la Dominante qui doit exister à l'accord précédent, marche désignée plus haut comme ne pouvant pas avoir lieu.

La raison qui fait que ces trois notes de basse offrent des difficultés dans leur emploi vient de ce qu'elles servent à accompagner les sept notes différentes de mélodie renfermées dans la gamme tant majeure que mineure, et que cela fait naturellement des doubles emplois que l'on va faire connaître dans le Tableau suivant.

TABLEAU démontrant les doubles emplois produits par les notes différentes contenues dans la Gamme.

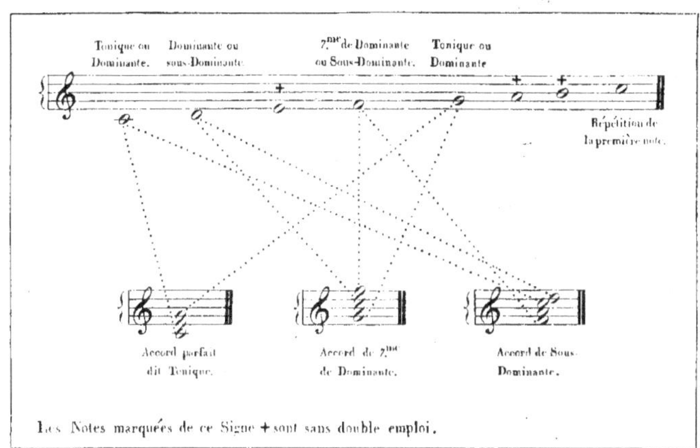

D'après ce Tableau on voit que chacune des notes UT, RÉ, FA, SOL, peuvent appartenir à deux accords différents, c'est donc d'après l'ordre assigné à ces accords que l'on peut les placer convenablement sous la mélodie.

Il y a différents endroits où le choix de ces accords est fixé, tels sont les suivants :

1.me...........Au commencement et à la fin d'un morceau, parcequ'il faut toujours la Tonique.

2.do..........Aux Cadences parfaites[1] où point musical parceque dans les deux accords qui les forment le premier est toujours la Dominante et le second la Tonique.

3.o........Aux Cadences rompues[2] parceque dans les deux accords qui les forment le premier est toujours la Dominante.

D'après ce qui a été dit jusqu'ici on peut déjà procéder à la formation des basses à trois notes, c'est sur la mélodie suivante que l'on va commencer ce travail.

Analyse de cette phrase pour en trouver la Basse.

UT, N.o 1. (Note à double emploi)   Il faut mettre la Tonique UT puisque c'est le commencement de la mélodie et qu'elle est dans le ton d'UT.

RÉ, N.o 2. (Note à double emploi)   On pourrait mettre la sous-Dominante FA ou la Dominante SOL puisque l'une et l'autre note peuvent faire leur résolution sur la Tonique à l'accord suivant N.o 3, mais comme la résolution de la sous-Dominante à la Tonique est moins naturelle que celle de Dominante a la Tonique, il est préférable de prendre le SOL Dominante.

MI, N.o 3. (Note sans double emploi)   Il faut mettre la Tonique UT.

---

[1] [2] Voyez le mot Cadence Page 115 dans la première partie de cet Ouvrage.

14

RÉ. N.° 4. (Note à double emploi.)   Il faut mettre la Dominante SOL par la même raison qu'au N.° 2. les circonstances étant les mêmes.

UT. N.° 5. (Note à double emploi.)   Il faut mettre la Tonique UT, attendu que son double emploi la sous-Dominante FA ne peut pas se mettre après la Dominante qu'on vient de quitter.

SI. N.° 6. (Note sans double emploi)   Il faut mettre la Dominante SOL.

UT. N.° 7. (Note à double emploi.)   Il faut mettre la Tonique UT parcequ'après la Dominante que l'on vient de quitter on ne peut pas mettre la sous-Dominante FA cette marche étant défendue.

LA. N.° 8. (Note sans double emploi)   Il faut mettre la Sous- Dominante FA.

SI. N.° 9. (Note sans double emploi)   Il faut mettre la Dominante SOL.

UT. N.° 10. (Note à double emploi.)   Il faut mettre la Tonique UT puisque c'est la fin du morceau et qu'il est dans le ton d'UT.

Voici donc la basse de cette mélodie rendue musicalement.

Autre Mélodie pour laquelle on va faire le même travail afin d'en trouver la basse.

Analyse de cette phrase.

UT. N.° 1. (Note à double emploi.)   Il faut mettre la Tonique UT puisque c'est le commencement de la melodie et qu'elle est dans le ton d'UT.

SOL. N.° 2. (Note à double emploi.)   Il faut mettre la Tonique UT parceque si on mettait la Dominante SOL, cette Dominante marcherait sur la Sous-Dominante FA qu'on va être forcé de mettre au N.° 3.

LA. N.° 3. (Note sans double emploi)   Il faut mettre la Sous- Dominante FA.

SI. N.° 4. (Note sans double emploi)   Il faut mettre la Dominante SOL.

UT. N.° 5. (Note à double emploi.)   Il faut mettre la Tonique UT attendu que son double emploi la sous-Dominante ne peut pas avoir lieu après la Dominante que l'on vient de quitter.

RÉ. N.° 6. (Note à double emploi.)   On pourrait mettre la Sous-Dominante FA ou la Dominante SOL puisque l'une et l'autre note peuvent faire leur résolution sur la Tonique à l'accord suivant N.° 7. mais comme la résolution de la Sous-Dominante à la Tonique, ainsi qu'il a déjà été dit, est moins naturelle que celle de Dominante à la Tonique, il est préférable de prendre le SOL Dominante.

MI. N.° 7. (Note sans double emploi)   Il faut mettre la Tonique UT.

---

(1)   Les notes qui sont entre le chant et la basse et qui servent à compléter l'harmonie sont mises en caractère plus petit afin que les yeux se portent principalement sur la basse et la mélodie.

(2)   Si ce SOL est mis une octave plus haut que les deux premiers, c'est pour donner autant qu'on peut le faire avec trois notes de la variété à cette basse, et pour obtenir le mouvement contraire.

2de s

LA. N.º 8. (Note sans double emploi.)   Il faut mettre la Sous-Dominante FA.

FA. N.º 9. (Note à double emploi.)   Il faut mettre encore la Sous-Dominante FA puisqu'elle peut marcher sur la Dominante SOL au N.º 10.

RÉ. N.º 10. (Note à double emploi.)   Il faut mettre la Dominante SOL par la même raison qu'au N.º 6. les circonstances étant les mêmes.

UT. N.º 11. (Note à double emploi.)   Il faut mettre la Tonique UT par la même raison qu'au N.º 5.

SI. N.º 12. (Note sans double emploi)   Il faut mettre la Dominante SOL.

SOL. N.º 13. (Note à double emploi.)   Il faut mettre la Dominante SOL, parceque c'est l'avant dernier accord de la cadence parfaite ou point musical.

UT. N.º 14. (Note à double emploi.)   Il faut mettre la Tonique UT puisque c'est la fin du morceau et qu'il est dans le ton d'UT.

Voici donc la Basse de cette mélodie rendue musicalement.

On a vu dans les deux mélodies précédentes, la nécessité de faire résoudre la Sous-Dominante sur la Dominante, dans la mélodie suivante on va voir au contraire le cas ou la Sous-Dominante sera obligée de se résoudre sur la Tonique.

---

(1)   Il faut éviter autant que possible de mettre à la dernière moitié d'une mesure et au commencement de la mesure suivante la même basse et la même harmonie, c'est pourquoi on a préféré adopter ici l'accord de Sous-Dominante FA à la fin de la mesure,

que d'y mettre la Dominante SOL, en effet l'harmonie suivante serait boiteuse 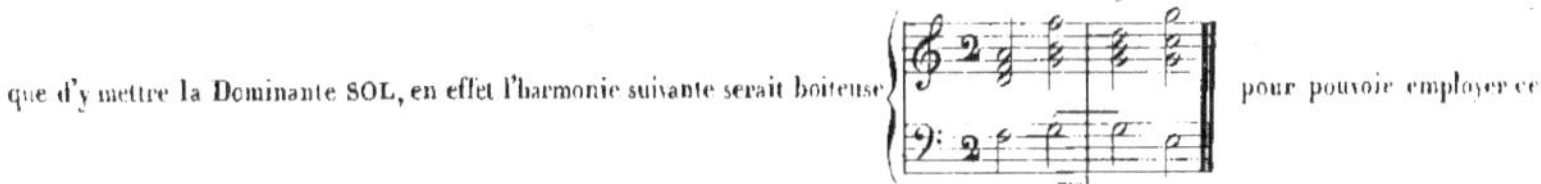

pour pouvoir employer ces

deux Dominantes il faudrait disposer la mesure de la manière suivante. 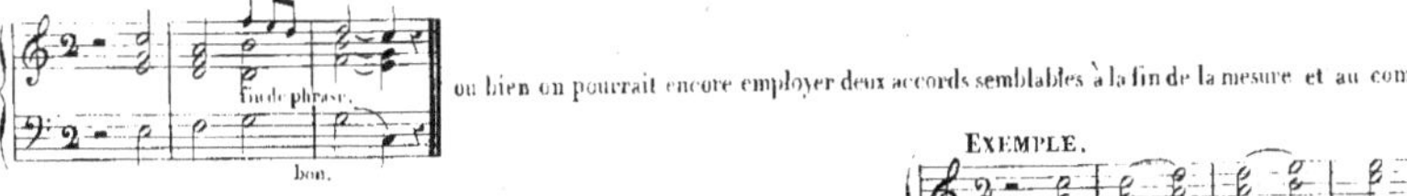

on pourrait aussi faire

marcher deux accords semblables de la première manière, mais en les employant comme fin de phrase ou de membre de phrase, EXEMPLE.

ou bien on pourrait encore employer deux accords semblables à la fin de la mesure et au commencement de la suivante, quand le second accord paraitrait être un retard du premier.

2.ⁱᵉˢ.

Mélodie pour faire connaître l'emploi de la Sous-Dominante faisant
sa résolution sur la Tonique.

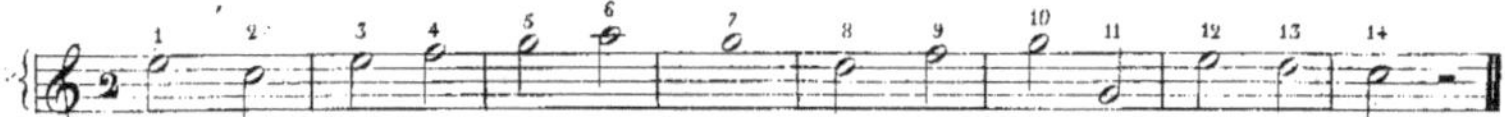

Analyse de cette phrase pour en trouver la basse.

MI. N.º 1. (Note sans double emploi) Il faut mettre la Tonique UT puisque c'est le commencement de la mélodie
et qu'elle est dans le ton d'UT.

UT. N.º 2. (Note à double emploi.) Il faut mettre la Tonique UT parceque son double emploi la Sous-Domi_
nante FA est moins naturelle, et que sans raison, il vaut mieux ne pas changer
l'accord que l'on a déjà au N.º 1.

MI. N.º 3. (Note sans double emploi) Il faut mettre la Tonique UT.

FA. N.º 4. (Note à double emploi.) Il faut mettre la Sous-Dominante FA, car si on voulait employer la Dominante
SOL, dont le FA serait la 7.ᵐᵉ cette 7.ᵐᵉ ne pourrait pas faire sa résolution
comme dissonnance en descendant d'un degré puisque c'est un SOL qui vient
immédiatement après.

SOL. N.º 5. (Note à double emploi.) Il faut mettre la Tonique UT ne pouvant pas y placer la Dominante SOL
puisque cela ferait deux octaves de suite qui sont comme l'on sait défendues,
il faut donc forcement que le FA de l'accord précédent du N.º 4. marche sur
la Tonique UT.

LA. N.º 6. (Note sans double emploi) Il faut mettre la Sous-Dominante FA.

SOL. N.º 7. (Note à double emploi.) Il faut mettre la Tonique UT parcequ'on ne peut pas mettre son double
emploi la Dominante SOL qui irait à la Sous-Dominante FA qu'on est forcé
de mettre au N.º 8. et 9.

RE. N.º 8. (Note à double emploi.) Il faut mettre la Sous-Dominante FA, attendu que son double emploi la
Dominante ne peut pas trouver place, puisqu'elle serait suivie de la Sous-Do_
minante qu'il faut mettre au N.º 9.

FA. N.º 9. (Note à double emploi.) Il faut mettre la Sous-Dominante FA par la même raison qu'au N.º 4.

SOL. N.º 10.(Note à double emploi.) Il faut mettre la Tonique UT par la même raison qu'au N.º 5.

SOL. N.º 11.(Note à double emploi.) Il faut mettre la Tonique UT de préférence à son double emploi la Domi_
nante qui changerait l'accord sans aucun avantage.

MI. N.º 12.(Note sans double emploi) Il faut mettre la Tonique UT.

RE. N.º 13.(Note à double emploi.) Il faut mettre la Dominante SOL parceque c'est l'avant dernier accord de la
cadence parfaite ou point musical

UT. N.º 14.(Note à double emploi.) Il faut mettre la Tonique UT puisque c'est la fin du morceau et qu'il est
dans le ton d'UT.

Voici donc la Basse de cette mélodie rendue musicalement.

2.ᵈᵉ 8

DES TROIS NOTES DE BASSE SOUS DES MÉLODIES QUI MODULENT.

Quand une mélodie module ce qui arrive presque toujours surtout lorsqu'elle a une certaine étendue, il faut avoir soin de bien suivre les changements de ton, afin de pouvoir mettre les trois nouvelles notes de basse aux nouveaux tons dans lesquels on passe.

Voici à ce sujet une mélodie qui renferme les éléments nécessaires pour y placer une basse changeant de ton.

Analyse de cette phrase pour en trouver la basse.

UT. N.º1. (Note à double emploi.)   Il faut mettre la Tonique UT parceque c'est le commencement de la mé_ lodie et qu'elle est dans le ton d'UT.

MI. N.º2. (Note sans double emploi.)   Il faut mettre la Tonique UT.

SOL. N.º3. (Note à double emploi.)   Il faut mettre la Dominante SOL parceque cette Dominante va trouver sa résolution naturelle sur la Tonique UT, N.º5. (La Tonique ut pourrait également bien avoir place ici, mais ayant déjà une mesure entière de Tonique, il est plus convenable pour l'ordre, et l'unité de l'harmonie d'avoir à son tour une mesure entière de Dominante, ce qui va a_ voir lieu au N.º 3 et 4.

FA. N.º4. (Note à double emploi.)   Il faut mettre encore la Dominante SOL parceque après la Dominante on ne peut pas marcher sur la Sous-Dominante.

MI. N.º5. (Note sans double emploi)   Il faut mettre la Tonique UT.

RÉ. N.º6. (Note à double emploi.)   Il faut mettre la Dominante SOL qui va faire sa résolution bien plus naturellement sur la Tonique UT N.º7. que ne le ferait son double emploi la Sous-Dominante.

UT. N.º7. (Note à double emploi.)   Il faut mettre la Tonique UT résolution naturelle de la Dominante qui précède.

MI. N.º8. (Note sans double emploi)   Il faut mettre la Tonique UT.

MODULATION DANS LE TON DE RÉ.

LA. N.º9. (Note à double emploi.)   Il faut mettre la Dominante du ton de RÉ qui est LA, parceque cette Do_ minante va trouver sa résolution naturelle sur la Tonique RÉ, N.º11.

SOL. N.º10. (Note à double emploi.)   Il faut mettre la Dominante LA parceque après une Dominante on ne peut pas marcher sur la Sous-Dominante, et que d'ailleurs cette Dominante va faire sa résolution naturelle à la Tonique RÉ au N.º11.

FA ♯. N.º11. (Note sans double emploi)   Il faut mettre la Tonique RÉ.

RETOUR DANS LE TON D'UT occasioné par les notes redevenues naturelles au ton primitif.

2des s.

FA ♮ N.°12(Note à double emploi.) Il faut mettre la Dominante SOL parceque cette dominante va faire sa résolution naturelle sur la Tonique UT N.° 13.

MI. N.°13(Note sans double emploi.) Il faut mettre la Tonique UT.

RÉ. N.°14(Note à double emploi.) Il faut mettre la Dominante SOL puisque c'est l'avant dernier accord de la cadence parfaite ou point musical.

UT. N.°15(Note à double emploi.) Il faut mettre la Tonique UT puisque c'est la fin de la mélodie et qu'elle est dans le ton d'UT.

Voici donc la basse de cette mélodie rendue musicalement.

On pourrait demander pourquoi la mélodie précédente module-t-elle plutôt dans le ton de RÉ que dans celui de SOL puisqu'il n'y a qu'un dièze accidentel apparent, car le FA ♯ indiquerait plutôt qu'on serait en Sol qu'en RÉ. Il est vrai qu'en considérant chaque note isolément cela devrait être, mais en examinant la phrase de musique en son entier, on voit que puisque le dessin à pour basse la Dominante SOL puis ensuite la Tonique UT à la mesure suivante, le même dessin qui est reproduit un degré plus haut dans doit pour l'uniformité et la symétrie avoir aussi à la basse la Dominante LA puis ensuite la Tonique RÉ, c'est pourquoi il est plus naturel que la modulation soit en RÉ, dans ce cas c'est dans les parties intermédiaires que doit se faire entendre l'UT ♯ indication de ce ton, comme on va le voir.

Néanmoins, rien n'empêcherait de mettre la basse de cette mélodie de la manière suivante en ne modulant que dans le ton de SOL. EXEMPLE.

Autre Exemple d'une mélodie renfermant les éléments nécessaires pour y placer une basse changeant de ton.

Pour trouver la basse de cette mélodie il faut avant tout, constater les modulations et faire à chacune leur part, ainsi qu'il suit.

Une fois les modulations bien arrêtées on peut mettre facilement la basse que voici, d'après les principes précédents.

On pourrait demander 1.º pourquoi dans la mélodie précédente on n'a pas pris comme étant encore dans le ton de Sol, le LA de la cinquième mesure qui entre dans les cordes naturelles de ce ton, et qu'on n'ait pas mis dessous le RÉ Dominante de Sol pour ne retourner en UT que sur le FA naturel de la sixième mesure ; 2.do et pourquoi sur le MI, FA de la 10.me et 11.me mesure, on est resté en RÉ mineur, plutôt que de reprendre le ton de FA auquel ces deux notes peuvent appartenir; on répondra à ces objections que l'on pourrait bien donner à ces notes cette harmonie, mais que néanmoins il est plus naturel de les accompagner comme on l'a fait, par la raison qu'il n'est pas rationnel à la cinquième mesure de poursuivre le ton de SOL sans nécessité, attendu qu'il faut plutôt faire entendre le ton principal le plus longtems possible, surtout au commencement du morceau, que de chercher à en détruire la tonalité en prolongeant une modulation qui ne peut que la faire disparaître ; quand au MI, FA de la 10.me et 11.me mesure, on doit voir qu'il est bien préférable de rester dans le ton de RÉ MINEUR que de quitter ce ton pour reprendre le ton de FA dans lequel on a déjà modulé une mesure avant, ce qui ne produirait plus aucun effet, vu son retour trop précipité.

Il arrive très souvent que sans dièse ni bémol accidentels apparents une mélodie soit forcée de modu_ ler, ces circonstances se rencontrent toutes les fois qu'on ne peut pas trouver à faire marcher conve_ nablement les trois notes de basse du ton dans lequel on croit-être, alors c'est qu'il faudra mo_ duler, et par conséquent mettre les trois nouvelles notes d'un autre ton dans lequel on devra passer évidemment.

Voici à l'appui de ce qui vient d'être dit une mélodie qui va faire une petite modulation quoiqu'il n'y ait ni dièse ni bémol apparents.

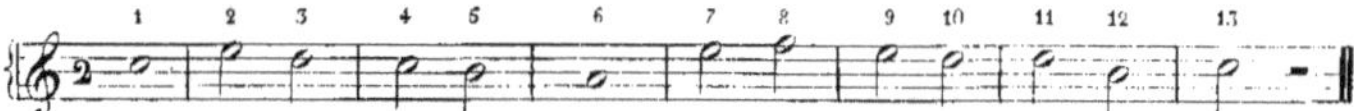

Il est évident qu'on ne doit pas mettre à cette mélodie la Dominante SOL sous le SI N.º 5, et la Sous-Dominante FA sous le LA N.º 6. puisqu'on ne doit pas faire marcher ces deux accords de la sorte; il faut donc chercher dans ce cas à quelle autre gamme peut appartenir le SI et le LA, quoiqu'ils puissent être communs à plusieurs gammes, la plus convenable serait celle du ton relatif d'UT qui est LA MINEUR[1] étant la plus proche modulation à faire, aussi va-t-on mettre sous le SI N.º 5, la Dominante de LA mineur qui est MI et sous le LA N.º 6. la Tonique LA.

Voici donc la Basse de cette mélodie.

Tant il est vrai qu'en harmonie il est important de savoir toujours d'OU L'ON VIENT ET OU L'ON VA, c'est que dans la mélodie précédente, ou l'on sort de moduler en LA MINEUR, si on avait voulu passer en SOL avec les deux notes de mélodie SI et LA N.º 5. et 6, ce qui serait faisable dans tout autre circonstance, ne le serait pas ici, parcequ'en mettant la Dominante du ton de Sol qui est RÉ sous le LA, que deviendrait cette Dominante au N°7? elle ne trouverait plus sa marche sur la Tonique à l'accord suivant.

Néanmoins quand on sera plus avancé dans cette ouvrage, et que par conséquent on aura acquit de plus grandes connaissances, on verra qu'il y a des moyens de pouvoir employer cette Dominante en lui donnant une autre direction.

---

(1) Chaque ton primitif à cinq tons dans lesquels on peut moduler, qu'on appelle tons relatifs, ces tons que classiquement on doit employer avant de faire des modulations plus ou moins éloignées du ton primitif, sont ceux qui ont la même quan_ tité d'accidents à la clef que ce ton primitif, ou qui ne s'en écartent que d'un en plus ou en moins, ainsi donc, les tons re_ latifs du ton d'UT sont, 1.º LA MINEUR, 2.ºº SOL MAJEUR, 3.º MI MINEUR, 4.º FA MAJEUR, 5.º RÉ MINEUR.

Autre EXEMPLE d'une mélodie qui module sans dièze ni bémol apparents.

Bien qu'on puisse mettre à cette mélodie une basse sans faire de modulation comme on va le voir

il est beaucoup plus convenable de moduler que de laisser cette mélodie dans le même ton, car la basse des trois mesures de sous-dominantes qui se succèdent à la 3.ᵐᵉ 4.ᵐᵉ et 5.ᵐᵉ mesure est dénuée de toute espèce d'intérêt, c'est pour remédier à cet inconvénient qu'il est plus naturel de supposer une petite modulation passagère en RÉ MINEUR, puisque les notes [♪] peuvent entrer dans la composition de cette gamme; c'est par cette raison que sous le MI on va mettre la dominante de RÉ mineur qui est LA, puis sous le RÉ, la Tonique RÉ, tel qu'on va le voir.

Quand on est forcé comme dans la mélodie précédente de faire moduler la basse pour trouver à placer convenablement les trois accords, il arrive souvent que les notes de mélodie qui forcent la basse à moduler appartiennent également bien à plusieurs tons, dans ce cas, en procédant classiquement, il est préférable de choisir dans ces tons le plus rapproché de celui ou l'on est, c'est pourquoi par exemple, il est plus simple si l'on est dans le ton d'UT majeur, de moduler dans le ton de SOL que dans celui de MI mineur, quoique ces deux tons soient relatifs du ton d'UT, parceque pour aller en SOL on y va par la Dominante RÉ qui n'a accidentellement que FA ♯, au lieu que pour aller en MI mineur il faut à la Dominante SI FA ♯ et RÉ ♯, ce n'est pas que ces deux modulations ne soient parfaitement bonnes, mais néanmoins l'une est plus naturelle que l'autre; c'est pourquoi dans les deux exemples suivants ou l'on est forcé de changer de ton, la seconde manière est plus classique que la première.

1ʳᵉ MANIÈRE.

Même mélodie dont la modulation est plus naturelle.

Les observations qui viennent d'avoir lieu n'ont pour but que de démontrer qu'il y a de l'harmonie plus ou moins naturelle, ou plus ou moins recherchée, que l'harmonie naturelle doit avoir le premier pas, qu'elle doit être le fondement de toute bonne harmonie, et que voila pourquoi dans la règle d'oc_tave, l'expérience a prouvé que la modulation qui existe en descendant cette gamme devait être à la do_minante du ton et non pas autrement.

On pourrait ajouter aussi que toutes les remarques précédentes relativement à la convenance qu'il y a de prendre plutôt tel ton que tel autre, n'est que quand on fait de l'harmonie pure et simple, sans aucun effet dramatique, mais du moment qu'il y aurait intention, qu'il y aurait des effets parti_culiers à obtenir, ce que l'on blâme ici pourrait parfaitement se faire ailleurs.

(OBSERVATION) Sans y être contraint par aucun motif on peut faire faire des petites modulations à la basse d'une mélodie, qui pourrait rester dans un seul et même ton, c'est ce qui sera démontré plus loin.

On vient de voir que sans dièse ni bémol accidentels apparents dans la mélodie, on peut et l'on doit quelquefois moduler, le contraire existe aussi, car il est souvent possible de rencontrer dans le chant des dièses et des bémols accidentels sans pour cela changer de ton, c'est qu'alors ces accidents ne seront envisagés que comme des intervales altérés des trois accords. (Voyez l'article des altérations, Page 65 de la première partie de cet ouvrage.)

EXEMPLE d'une mélodie dans laquelle il existe des Dièses et des Bémols accidentels sans pour cela changer de ton.

On voit dans cet exemple que le premier RÉ ♯ forme une Dominante avec quinte augmentée, le SOL ♯ forme une Tonique avec quinte augmentée, le LA ♭ forme une sous-Dominante avec Tierce mineure, le second RÉ ♯ forme une sous-Dominante avec Sixte augmentée, et RÉ ♭ forme une Sous-Dominante avec Sixte mineure.

2.des.

Autre Exemple d'une mélodie où l'on trouve des dièses et des Bémols accidentels sans pour cela changer de ton.

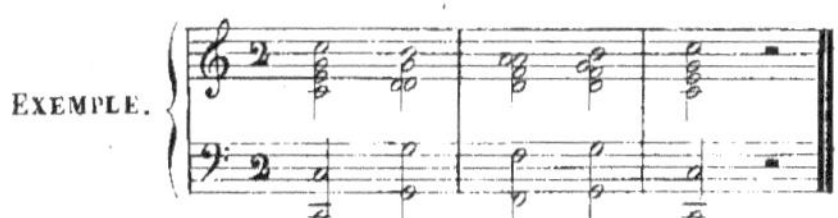

On voit dans cet exemple que l'UT ♯ est une octave altéréé, le RÉ ♯ forme une dominante avec quinte augmentée, le MI ♭ forme une tonique avec tierce mineure, le SOL ♯ forme une Tonique avec quinte augmentée, le second RÉ ♯ forme comme le premier une dominante avec quinte augmentée, le LA ♭ forme une sous- dominante avec tierce altérée .

Bien que dans les deux exemples ci-dessus, il n'y ait pas de modulations, on verra par la suite qu'il pourrait y en avoir, en considérant sous une autre point de vu ces dièses et ces bémols accidentels .

Malgré la rigoureuse défense de faire succéder une SOUS-DOMINANTE à une DOMINANTE on tolère cette marche à la fin d'une composition grave et a un grand nombre de partie, dans ce cas, il faut supprimer la quinte de la sous-Dominante.

EXEMPLE.

On verra par la suite qu'il y a plusieurs moyens d'éviter si l'on veut cette licence.

(ORDRE de TRAVAIL) Les élèves devront maintenant créer des mélodies plus ou moins longues formées seulement de rondes et de blanches, et s'exercer à y placer des basses en employant rien que les trois notes la tonique, la DOMINANTE et la SOUS-DOMINANTE, et ne passer à l'article suivant que quand ce travail leur sera devenu facile.

ARTICLE 3.

DES TROIS NOTES DE BASSE FONDAMENTALE,
AVEC L'EMPLOI DES BASSES PRODUITES PAR LE RENVERSEMENT DES TROIS ACCORDS.

Une Basse ne peut commencer à être intéressante qu'en associant aux basses naturelles ou fonda- mentales les basses que produisent les renversements des trois accords; c'est donc en prenant tour à tour pour basse, en supposant qu'on soit en UT, l'UT le MI et le SOL de l'accord parfait dit Tonique, le SOL, le SI, le RÉ de l'accord de Dominante et le FA en sus de la 7.me de Dominante, puis le FA, le LA, l'UT et le RÉ de l'accord de sous-Dominante, que l'on peut arriver à donner quelqu'intérêt à une mélodie.

DES LIEUX ET PLACES OU L'ON DOIT EMPLOYER LES BASSES FONDAMENTALES,
ET LES BASSES PRODUITES PAR LE RENVERSEMENT DES TROIS ACCORDS.

On emploi les basses naturelles ou fondamentales c'est-à-dire sans renversements.

1°..... Toujours au commencement d'un morceau et presque toujours au commencement des nouvelles phrases musicales.

2°..... Toujours à la Dominante et à la Tonique qui terminent un morceau, ou une phrase de musique, et presque toujours à la sous-dominante qui précéde le plus ordinairement ces deux accords.

3°..... Toujours à l'accord de Dominante qui forme demi repos ou cadence imparfaite. (1)

4° A la Dominante qui précéde une cadence rompue (2)

5°..... Quelquefois aussi dans le courant des phrases musicales.

On emploi les Basses produites par le renversement des trois accords.

1°..... Toujours dans le courant des phrases.

2°..... Très souvent avant et après le demi-repos, et quelquefois aux demi-repos.

3°..... Très souvent aussi, après un repos ou Cadence parfaite, (3) c'est-à-dire au commencement des nouvelles phrases musicales.

4°..... Encore plus souvent a la fin d'une cadence rompue (4)

EXEMPLE d'une mélodie sous laquelle on va voir des basses naturelles ou fondamentales, et des basses produites par le renversement des trois accords d'après les principes qui viennent d'être énoncés.

Il n'est pas nécessaire d'analyser la basse précèdente on voit suffisamment que les notes marquées par ce signe + sont des accords renversés, et qu'ils sont mis ainsi que les accords non renversés aux endroits précisés par les règles précèdentes.

La basse a tellement de pouvoir sur la mélodie que d'après sa manière d'agir elle détermine un repos ou un demi-repos sur la même phrase mélodique suivant qu'elle le veut; les quatre premières mesures de la mélodie précèdente en sont un exemple, car en changeant seulement les deux notes de basse FA MI de la troisième et quatrième mesure en SOL et UT on obtient de suite un repos au lieu d'un demi-repos.

---

(1) (2) (3) (4) Voyez cadence Page 113 de la première partie de cet ouvrage.

On verra à l'article CADENCES la raison de ce changement.

__Une formule dont on ne peut guère départir, c'est quand la mélodie le permet, de mettre la 4.te et 6.te sur la Domi. nante qui précède celle qui va se reposer sur la Tonique et qui sert à former la cadence parfaite ou point musical.

Il peut arriver qu'on rencontre des basses formées par des renversements d'accords dans des endroits désignés d'après les règles précédentes comme devant être fondamentales; mais alors c'est qu'elles ne seraient pas regardées comme la véritable basse, ce ne serait en effet que des secondes parties auxquelles l'oreille en supposerait une autre, aussi dans la phrase suivante la partie de dessous ne convient-elle que pour deux voix ou deux instruments en forme de DUO, mais non comme basse réelle.

La basse de ce DUO est excessivement juste sans être basse réelle, car la voici ajoutée en dessous de ces deux mêmes parties.

D'après ce que l'on vient de voir, quand on a à faire chanter une autre partie sous une mélodie, quoique cette partie soit en apparence la basse, puisqu'elle est la plus grave, il faut savoir avant qu'elle espèce de voix ou d'instruments on se servira, car ce n'est que d'après ce choix fait, que l'on peut agir, c'est pourquoi, si sous la mélodie suivante.

on voulait faire chanter un Tenor, quoique cette voix ferait la basse, néanmoins elle ne pourrait en avoir le caractère, et par conséquent ne suivrait pas les règles qui fixent les lieux et places ou doivent être mises les basses avec renversement ou sans renversement, car dans ce cas il faudrait presque toujours n'employer que des accords renversés en s'arrangeant autant que possible de manière à ce que cette partie ajoutée en dessous

26

la mélodie marchât en tierce ou en sixte avec elle, ainsi la mélodie précédente en forme de DUO ayant
pour partie grave un Tenor peut se rendre de la manière suivante. (1)

mais du moment que ce serait une basse qui agirait, (2) il faudrait employer les accords renversés et
non renversés, comme il est indiqué plus haut, ainsi voila la même mélodie avec une véritable basse

On pourrait bien mettre aussi une basse réelle sous l'Exemple qui précède ce dernier, sans rien chan_
ger à la partie du Tenor, comme on va le voir.

mais cette basse peut se trouver gênée étant subordonnée non seulement à la mélodie mais encore au
Tenor, il vaut mieux dans ce cas changer cette dernière voix, si la basse ne marche pas d'une manière satisfai_
sante, que de tenir à garder ce Tenor, à moins de raisons toutes particulières, parcequ'on sait qu'après la
mélodie, la partie sur laquelle doit se porter l'attention, la partie qui doit supporter l'échafaudage de
l'harmonie est la basse. voila pourquoi, si on voulait en mettre une meilleure à l'exemple précédent, il vau_
drait mieux sacrifier le Tenor et en substituer une autre afin d'avoir une basse un peu moins monotone que
la dernière, comme on le voit dans ce qui suit.

(ORDRE de TRAVAIL) Les élèves devront avant de passer à l'article suivant composer des mélodies plus ou
moins longues rien qu'en rondes et en blanches, et s'éxercer à leur mettre des basses en employant maintenant
LES TROIS ACCORDS ET LEURS RENVERSEMENTS d'après les règles précédentes.

---

(1) Si la composition est à deux autres parties et même si le nombre des parties est plus grand mais toujours sans caractère
de basse, les observations demeurent les mêmes que pour le Soprano et le Tenor.

(2) Il arrive quelquefois que la basse est aussi chargée de faire la mélodie, dans ce cas c'est une autre partie soit de chant ou
d'accompagnement encor plus basse qu'elle qui devra faire la véritable basse.

2 8.

ARTICLE 4.

1°. DES NOTES QU'IL FAUT ÉVITER OU NON ÉVITER DE FAIRE ENTENDRE SIMULTANÉMENT TANT AU CHANT QU'À LA BASSE.

2°. DU SECOND RENVERSEMENT DE LA DOMINANTE ou 7.me de DOMINANTE.

3°. DE LA MONOTONIE.

DES NOTES QU'IL FAUT ÉVITER DE FAIRE ENTENDRE SIMULTANÉMENT TANT AU CHANT QU'À LA BASSE.

On ne doit pas faire entendre dans le milieu des phrases les mêmes notes à la basse et à la mélodie cette règle n'atteint que les notes du 2.me 3.me 4.me 6.me et 7.me dégré de la gamme, car, quant aux Toniques et aux Dominantes leurs répétitions peuvent avoir lieu sans nulle difficulté ; d'après cette règle la basse de la mélodie suivante serait mauvaise à cause de la rencontre des notes du quatrième et du second dégré de la gamme entre ces deux parties.

Il eut fallu mettre un renversement de la Sous - Dominante à la seconde mesure, et la Sous-Domi_ nante sans renversement à la sixième tel qu'on va le voir.

Autre EXEMPLE d'une mélodie ayant des notes de basse fautives à cause de leur rencontre avec celles de la mélodie.

(1) On verra plus loin pourquoi on emploie des accords parfaits autre-part que sur la Tonique.

Même EXEMPLE avec la basse corrigée.

DES NOTES QUE L'ON PEUT FAIRE SIMULTANÉMENT TANT À LA BASSE QU'AU CHANT.

Comme il a été dit, les notes que l'on peut frapper ensemble à la basse et à la mélodie sont les Toniques et les Dominantes, l'exemple suivant va faire voir l'emploi de ces répétitions de notes.

Autre mélodie ou la basse ainsi qu'elle font en même temps la Tonique et la Dominante.

La Sous-Dominante a quelquefois aussi le privilège de pouvoir se faire entendre ensemble tant à la basse qu'à la mélodie, mais pas dans toutes les circonstances comme la Tonique et la Dominante, car elle ne se pratique volontier que quand elle précède une cadence parfaite ou une cadence rompue et quelquefois même une cadence imparfaite.

Exemple d'une mélodie où la Sous-Dominante précédant la Cadence parfaite va être
entendue à la mélodie et à la basse.

Autre Exemple de sous-Dominantes précèdants une Cadence parfaite et une Cadence
rompue entendues à la basse et à la mélodie.

Exemple d'une Sous-Dominante précédant une cadence imparfaite
entendue dans les deux mêmes parties.

Des circonstances où l'on peut enfreindre la règle qui défend de faire à la basse et à la mélodie
les mêmes notes soit du 2.me 3.me 4.me 6.me et 7.me dégré de la gamme.

On peut faire entendre quelquefois ensemble tant à la basse qu'à la mélodie les notes du 2.me 3.me 4.me 6.me et
plus rarement du 7.me dégré d'une gamme, mais il faut dans ce cas que ces notes répétées soient justifiées par
une marche de basse régulière ou un dessein obligé comme on peut le voir dans la basse de la mélodie suivante.

Autre Exemple d'une 2.de note de la gamme entendue ensemble à la basse et à la mélodie justifiée par la variété d'Harmonie apportée sous la même mesure de mélodie.

Il est évident que la première mesure où se trouve la répétition du FA prise isolément serait d'une grande pauvreté, et que ce n'est que la poursuite du dessein qui lui donne de la valeur.

Les répétitions de notes du 2.me 3.me 4.me 6.me et 7.me dégré d'une gamme sont aussi autorisées dans le style fugué, c'est par cette raison que la note du troisième dégré qui se trouve répétée à la basse dans l'exemple suivant est bonne.

Autre Exemple de notes entendues dans la mélodie et répétées à la basse autorisées de même par le style fugué.

Il est encore des cas ou l'on peut faire entendre à la basse et à l'aigu les mêmes notes, c'est 1.° Quand le véritable chant se trouve dans les parties intermédiaires, car on comprend qu'alors la partie la plus haute n'étant composée que de notes de remplissage, toute l'attention doit naturel_ _lement se porter sur la véritable mélodie, et que c'est alors sur elle que la basse doit éviter les ré_ _pétition de notes comme l'exemple suivant le fait voir.

2.do Quand la basse fait une suite de mouvement contraire avec le chant et qu'elle marche par dégrés conjoints.

EXEMPLE.

Autre EXEMPLE de répétition de notes entre la basse et le chant autorisée par le mouvement contraire et la marche par dégrés conjoints.

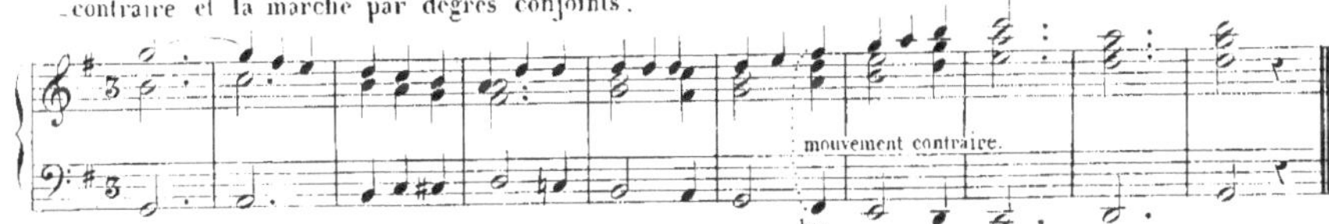

3.º Puis enfin quelquefois quand la basse sans être par dégrés conjoints, marche seulement par mouvement contraire, mais alors il faut que la composition soit a plus de deux parties. EXEMPLE.

Ainsi on voudrait écrire à deux parties les quatre premières mesures de l'exemple précédent, qu'il vaudrait mieux changer la basse et la rendre de la manière suivante, pour éviter la pauvreté qui résulte de la rencontre des mêmes notes qui seraient trop entendues n'ayant rien pour les couvrir.

En resumé les répétitions de note entre la basse et le chant peuvent être tolérées partout ou la nécessité et un raisonnement sain les auront fait naître.

DU 2.ᵐᵉ RENVERSEMENT DE LA DOMINANTE ou 7.ᵐᵉ DE DOMINANTE.

Il faut éviter d'employer le second renversement de la Dominante ou 7.ᵐᵉ de Dominante quand il produit une Quarte entre la mélodie et la basse. **EXEMPLE.**

Néanmoins ce second renversement de Dominante formant quarte avec la mélodie peut se faire, motivé par une marche ou dessin que l'on voudrait absolument suivre, ce qui ferait alors considérer en quelque sorte la basse comme un second chant. **EXEMPLE.**

Autre EXEMPLE.

Les deux marches l'une en descendant et l'autre en montant de ces deux derniers Exemples font que les quartes produites par ces deux dessins obligés sont bonnes.

DE LA MONOTONIE.

Il faut toujours chercher à donner de l'intérêt à une basse, et par cette raison éviter toute monotonie soit par la répétition des mêmes notes sans aucun but ni motif, soit par des retours de portions de phrases harmoniques mal encadrées sous la mélodie, soit enfin en ne lui donnant pas assez de mouvement. Cette règle n'étant pas observée dans la mélodie suivante, fait que la basse quoique juste se trouve mauvaise par sa nullité, et par le peu de rapport qu'ont les trois premières mesures d'accords de Tonique UT avec le reste de la basse.

Voici plusieurs manières de détruire la nullité de cette basse.

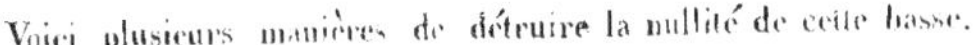

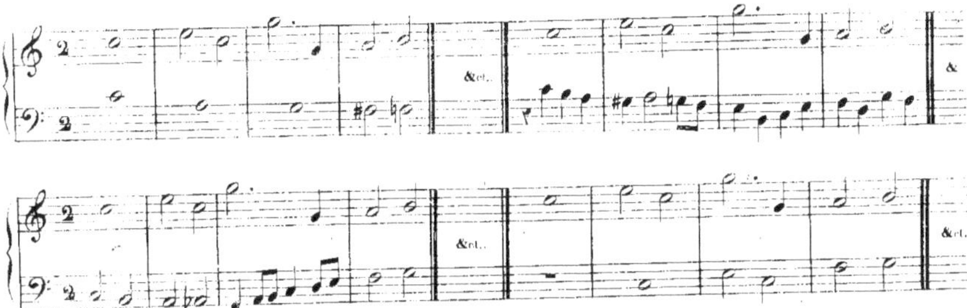

Autre EXEMPLE d'une mélodie ou les deux premières mesures de basse sont d'une monotonie insupportable par la répétition peu symétrique de la Tonique et de la note sensible.

On pourrait corriger ces deux premières mesures de la manière suivante.

Autre EXEMPLE sur le même sujet.

on pourrait corriger cette basse de la manière suivante.

ou bien encore comme il suit:

34

Quand une mélodie ne comporte que des basses insignifiantes occasionnées par la longueur souvent né_
cessaire de la même harmonie, il faut alors savoir adopter à cette harmonie un rhythme (1) quelconque, soit
en ce qu'on appelle vulgairement des batteries ou bien en petits dessins ayant des retours périodiques, afin d'ôter
toute la monotonie qui pourrait en résulter sans cette précaution. EXEMPLE.

Pour préserver de la monotonie les mélodies larges de valeurs de notes, on peut aussi employer plu_
sieurs accords sous les mêmes notes de chant, comme on va le voir dans la phrase suivante.

(ORDRE DE TRAVAIL.) Les élèves devront avant d'aller plus loin, composer des mélodies plus ou
moins longues en rondes, blanches et une ou deux noires de temps à autre, et chercher en y met_
tant des basses à éviter toutes les fautes dans lesquelles on peut tomber, mentionnées dans cet article.

<hr>

ARTICLE 5.

REMARQUES.
1.⁰ SUR L'ACCORD PARFAIT dit TONIQUE ET SON PREMIER RENVERSEMENT LA 3.ᶜᵉ ET 6.ᵗᵉ
2.⁰ SUR L'EMPLOI DES DÉRIVÉS DE LA 7.ᵐᵉ DE DOMINANTE.
3.⁰ SUR LA MARCHE IRRÉGULIÈRE QUE L'ON PEUT DONNER AUX TROIS ACCORDS.

REMARQUE SUR L'ACCORD PARFAIT.

Il a été dit précédemment que l'Accord parfait dit Tonique se posait principalement sur la Tonique,
mais qu'il pouvait aussi se mettre sur tous les dégrés d'une gamme, en effet on peut sous une mélodie ne
produire que des accords parfaits; il n'est pas nécessaire de faire observer que dans ce cas le mouve_
_ment contraire est de toute nécessité, car sans cela on tomberait dans des fautes de quintes qui seraient
inévitables par mouvement semblable, ce genre de basses quoique n'ayant pas la tonalité de celles produites par
les trois accords et leurs renversements est susceptible de faire de l'effet, on peut en juger par l'Exemple suivant.

<hr>

(1) Voyez Rhythme Page 68.

Ainsi qu'on l'a remarqué dans la première partie de cet ouvrage, l'accord parfait sur le troisième degré de la gamme donne toujours à son harmonie quelque chose de désagréable employé isolement, EXEMPLE.

Il faudrait pour pouvoir employer cet accord qu'il fût majeur, ainsi qu'il suit.

mais on voit ici que la tierce de MI étant majeure, ce n'est plus une troisième note du ton, car dans le ton d'UT il n'y a pas de SOL ♯, alors il y a modulation et le MI devient dominante du ton de LA MINEUR. néanmoins l'accord parfait sur le troisième degré de la gamme, c'est à dire avec tierce mineure, peut se pratiquer dans le milieu d'une phrase tout en accords parfaits. EXEMPLE.

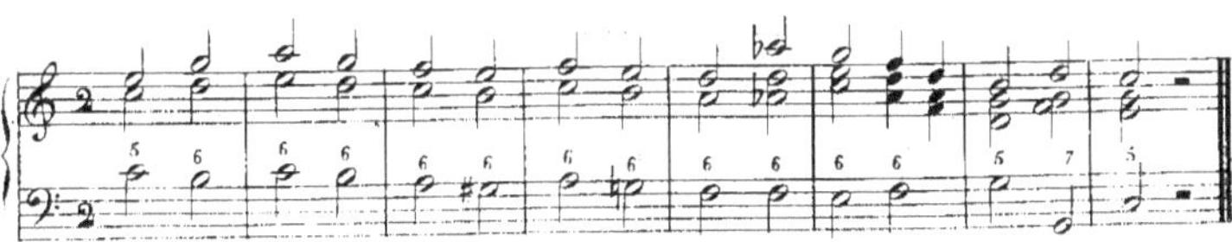

REMARQUE SUR LE PREMIER RENVERSEMENT DE L'ACCORD PARFAIT.

Dans l'intérieur des phrases musicales les Tierces et Sixtes premier renversement de l'accord parfait, comme intervalles consonnants, peuvent s'employer sous une mélodie ; des basses de la sorte donnent à leur harmonie une marche vague et incertaine, néanmoins employées avec mesure on obtient de très heureux résultats.

Même mélodie que celle qui vient de servir plus haut à mettre une suite d'accords parfaits, sous laquelle on va introduire une suite de sixtes.

DE L'EMPLOI DES DÉRIVÉS DE LA 7.ᵐᵉ DE DOMINANTE.

Les dérivés de la 7.ᵐᵉ DE DOMINANTE qui sont la 7.ᵐᵉ SENSIBLE la 7.ᵐᵉ DIMINUÉE, la 7.ᵐᵉ et 9.ᵐᵉ MAJEURE DE DOMINANTE et la 7.ᵐᵉ et 9.ᵐᵉ MINEURE DE DOMINANTE peuvent s'employer sous une mélodie toutes les fois que les dissonnances qui composent ces accords pourront se sauver convenablement, la résolution la plus naturelle de ces dérivés de 7.ᵐᵉ de Dominante est comme l'on sait sur la Tonique de même que leur générateur.

Il n'y a pas de raison pour employer plus ou moins ces accords, c'est entièrement assimilé à l'idée et au caprice du compositeur.

Emploi de la 7.ᵐᵉ SENSIBLE et la 7.ᵐᵉ DIMINUÉE sous la mélodie précédente qui a déjà servie à mettre des suites d'accords parfaits et d'accords de sixtes.

Même Mélodie avec d'autres 7.ᵐᵉˢ diminuées.

Même Mélodie avec des 7.ᵐᵉˢ SENSIBLES et DIMINUÉES se succédant plus ou moins les unes aux autres.

Autre EXEMPLE.

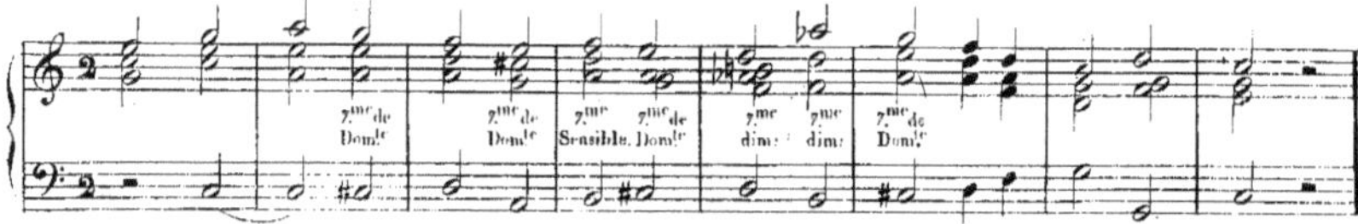

Même Mélodie que la précédente avec l'emploi de la 7.ᵐᵉ et 9.ᵐᵉ MAJEURE et MINEURE DE DOMINANTE.

Autres 7.mes et 9.mes placées sous la même mélodie.

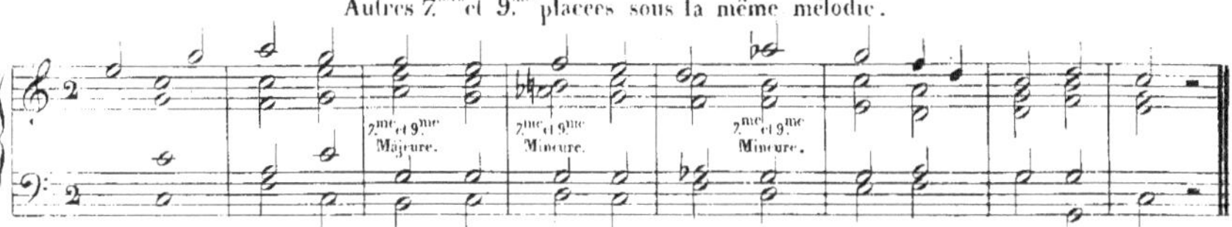

Les accords de 7.mes et 9.me MAJEURES et MINEURES DE DOMINANTE étant par eux mêmes durs, il est mieux quand on veut les employer que ce soit généralement dans une grande composition et à un grand nombre de parties.

DE LA MARCHE IRRÉGULIÈRE QUE L'ON PEUT DONNER AUX TROIS ACCORDS.

On a du voir dans les Exemples précédents, qu'on a donné aux trois accords d'autres marches que celles indiquées au commencement de cet ouvrage, en effet, les trois accords ont aussi leurs marches irré_gulières qui ne contribuent pas peu à donner de la richesse à l'harmonie, et qu'il est bon maintenant de faire connaître.

L'ACCORD PARFAIT dit TONIQUE MAJEUR ou MINEUR peut aller quand la mélodie le permet: 1.º sur d'autres ACCORDS PARFAITS de tels dégrés que ce soit de la gamme à laquelle il appartient, et sur d'au_tres ACCORDS PARFAITS qui lui sont plus ou moins étrangers, pourvu qu'il y ait une note commune aux deux accords, ou bien encore, sur celui dont les trois notes marchent par demi-tons, 2.º sur des 7.mes DE DOMINANTE, des 7.mes DIMINUÉES, des 7.mes SENSIBLES, 3.º sur des SOUS-DOMINANTES DU MODE MAJEUR et MINEUR (1) de tel ton que ce soit, et les renversements de tous ces accords.

(OBSERVATION) Pour ne pas augmenter ce volume, on se bornera à ne donner que quelques Exemples de chacune des marches irrégulières des trois accords, ce sera à l'élève de chercher à compléter celles qui sont omises.

EXEMPLE d'un ACCORD PARFAIT suivi d'un autre ACCORD PARFAIT renversé, et non renversé à distance d'un demi-ton du premier.

Quant à d'autres Exemples d'accords parfaits suivis d'autres accords parfaits sur tous les dégrés de la gamme, on en a vu quelques uns plus haut, et quant à ceux pris dans des tons plus ou moins éloignés, qu'on voie dans la première partie de cet ouvrage (Page 105) les onze tons ou accords parfaits dans les_quels on peut aller et où il y a au moins une note commune à l'accord primitif.

(1) Comme l'on sait la SOUS-DOMINANTE avec TIERCE MINEURE peut aussi bien indiquer un ton majeur qu'un ton mineur, comme l'on sait aussi cette Sous-dominante n'est autre chose qu'une 7.me sensible, seulement envisagée sous un autre point de vue, ce qui fait qu'elles n'ont pas l'une et l'autre la même résolution.

EXEMPLE d'une TONIQUE ou ACCORD PARFAIT suivi de 7.me DE DOMINANTE de tel ton que ce soit.

EXEMPLE d'une TONIQUE ou ACCORD PARFAIT suivi de 7.mes DIMINUÉES de tel ton que ce soit.

EXEMPLE d'une TONIQUE ou ACCORD PARFAIT suivi de 7.mes SENSIBLES de tel ton que ce soit:

EXEMPLE d'une TONIQUE ou ACCORD PARFAIT suivi de SOUS-DOMINANTES
du MODE MINEUR de tel ton que ce soit.

Autre EXEMPLE d'une TONIQUE ou ACCORD PARFAIT suivi d'une SOUS-DOMINANTE du MODE MINEUR
et ses renversements, avec une résolution irrégulière.

Même SOUS-DOMINANTE que la précédente avec sa résolution naturelle.

Autre Exemple d'une Tonique ou Accord parfait suivi d'une Sous-Dominante du mode mineur et ses renversements, avec une résolution irrégulière.

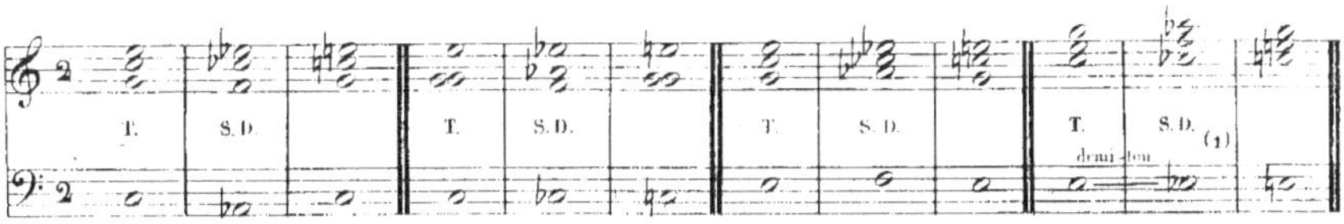

T.   S. D.   T.   S. D.   T.   S. D.   T.   S. D.   demi-ton   (1)

Même Sous-Dominante que la précédente avec sa résolution naturelle.

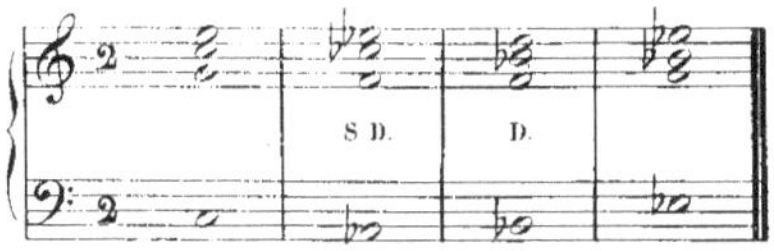

S D.   D.

Une Sous-Dominante du mode mineur peut avoir bien des résolutions naturelles suivant la manière d'envisager cet accord.

Exemple de la même sous-dominante que la précédente envisagée sous trois points de vue différents.

Même Sous-Dominante présentée sous de nouvelles notes et prenant le nom de 7.me sensible.

Même Sous-Dominante présentée sous de nouvelles notes et prenant le nom de 7.me diminuée avec la 3.ce haussée d'un demi-ton.

Même Sous-Dominante présentée sous de nouvelles notes et prenant le nom de 7.me diminuée avec la 5.te haussée d'un demi-ton.

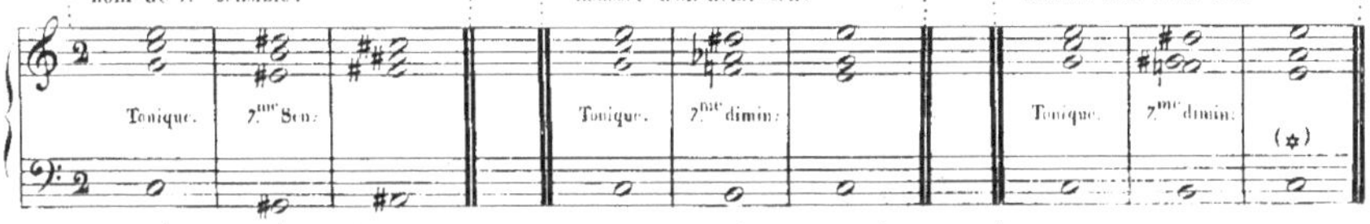

Tonique.   7.me Sens.   Tonique.   7.me dimin.   Tonique.   7.me dimin.   (✿)

(✿) L'altération de 5.te haussée d'un demi-ton dans la 7.me diminuée quoique n'étant pas très usitée est susceptible de faire un très bon effet.

(1) La Dissonnance qui existe dans une Sous-Dominante du mode majeur ou du Mode mineur peut aussi s'employer à la basse sans préparation, quand cette dissonnance arrive par demi-ton en descendant comme on vient de le voir ou en montant ainsi qu'il suit.

S. D.   demi-ton   Mode majeur.   S. D.   demi-ton   Mode mineur.

De même la dissonnance d'une Sous-Dominante peut-être attaquée à la basse sans préparation quand elle arrive en descendant d'un ton.   EXEMPLE.

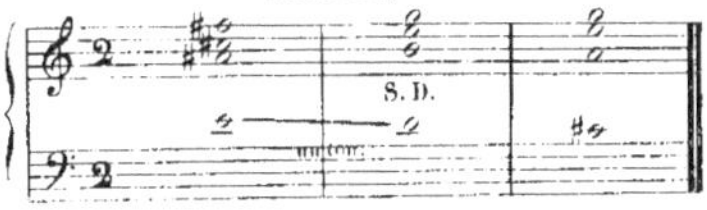

S. D.   un ton.

EXEMPLE d'une TONIQUE ou ACCORD PARFAIT suivi de SOUS-DOMINANTES DU MODE MAJEUR de tel ton que ce soit.

(1)

Une Sous-Dominante du mode majeur peut avoir bien des résolutions naturelles, suivant la manière d'envisager cet accord.

EXEMPLE d'une SOUS-DOMINANTE du MODE MAJEUR avec sa résolution naturelle qui va servir plus loin à démontrer ce qui vient d'être avancé.

EXEMPLE de la même SOUS-DOMINANTE que la précédente envisagée sous trois points de vue différents.

Les doubles altérations de 3.ce et de 5.te haussées d'un demi-ton dans la 7.me diminuée de l'avant dernier exemple, et l'altération de 7.me baissée d'un demi-ton dans la 7.me de Dominante du dernier Exemple quoique n'étant pas très usitées, sont susceptibles de faire un très bon effet.

La 7.me DE DOMINANTE peut aller quand la mélodie le permet, 1.° sur DIFFÉRENTS ACCORDS PARFAITS, 2.° sur d'autres 7.mes DE DOMINANTE sur des 7.mes SENSIBLES, des 7.mes DIMINUÉES, 3.° sur des SOUS-DOMI_ NANTES DU MODE MAJEUR et MINEUR de tel ton que ce soit et les renversements de ces accords, pourvu que sa dissonnance soit résolue convenablement.

(1) Il faut quelquefois et principalement quand la 5.te de la Sous-dominante n'est pas préparée ou qu'elle n'arrive pas par demi-ton, écrire la 5.te et la 6.xte de cet accord à distance de 7.me comme elle est disposée ci-dessus car de la ma. nière suivante cela serait trop dur.   EXEMPLE.

EXEMPLE d'une 7.me DE DOMINANTE allant sur différents ACCORDS PARFAITS renversés ou non.

EXEMPLE d'une 7.me DE DOMINANTE allant sur d'autres 7.mes DE DOMINANTE.

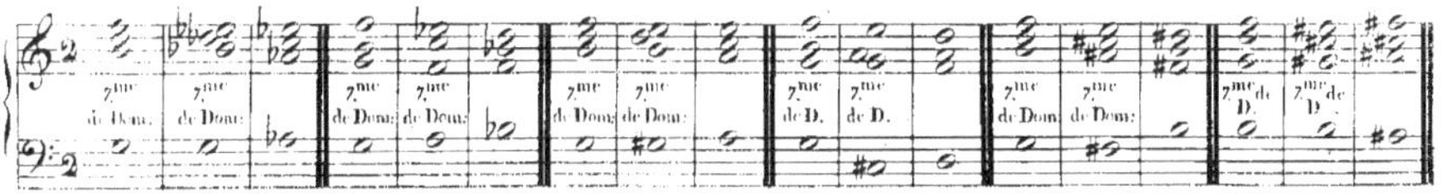

EXEMPLE d'une 7.me DE DOMINANTE allant sur des 7.mes DIMINUÉES.

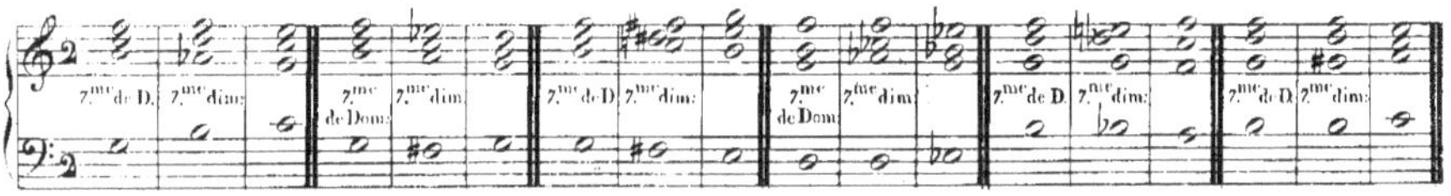

EXEMPLE d'une 7.me DE DOMINANTE allant sur des 7.mes SENSIBLES.

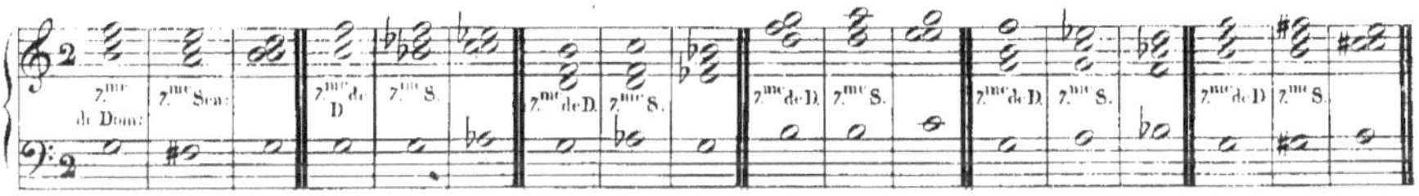

Même EXEMPLE de 7.mes DE DOMINANTE allant sur les mêmes 7.mes SENSIBLES que les précédentes, envisagées comme SOUS-DOMINANTES DU MODE MINEUR, et faisant leurs résolutions naturelles sous cette nouvelle forme.

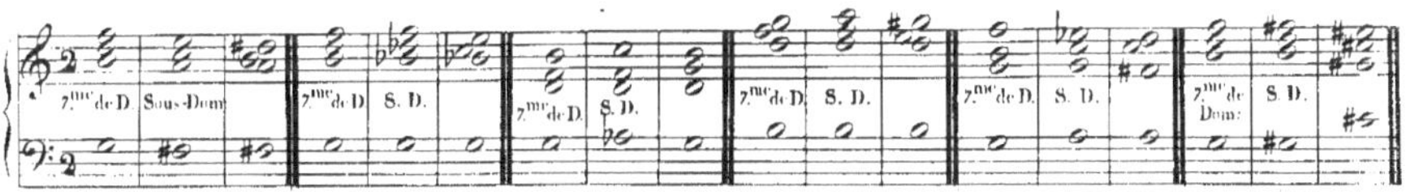

EXEMPLE d'une 7.me DE DOMINANTE allant sur des SOUS-DOMINANTES DU MODE MAJEUR.

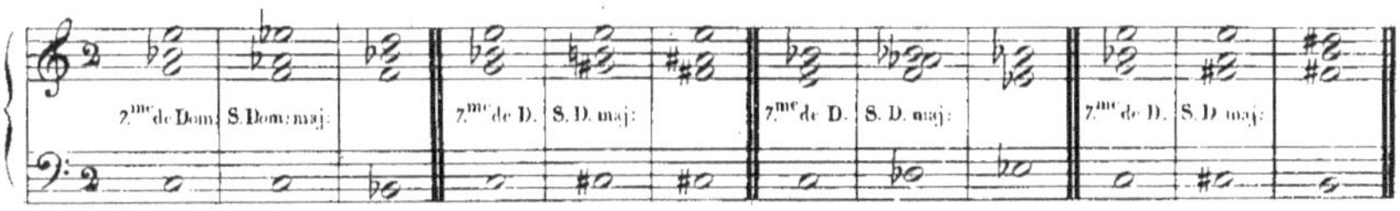

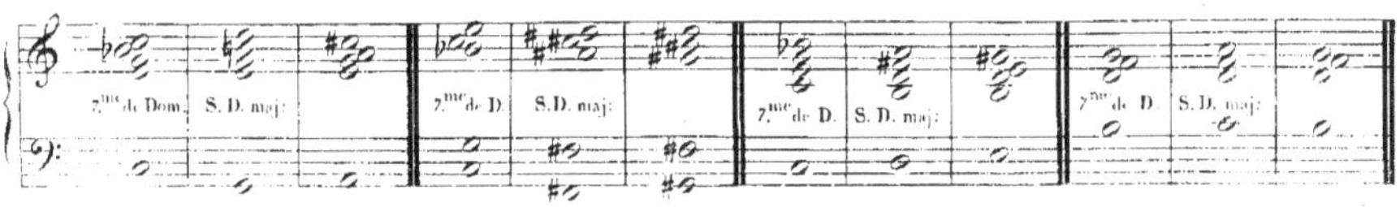

La Dominante avec ou sans sa 7me malgré la rigoureuse défense de lui faire succéder sa sous Dominante pour revenir encore à la même Dominante, se tolère quand on ne peut pas faire autrement.

EXEMPLE d'une suite de DIFFÉRENTES 7mes.

La Sous-Dominante du mode majeur ou mineur peut aller quand la mélodie le permet 1.° sur différents Accords parfaits 2.° sur d'autres Sous-Dominantes du mode majeur et mineur, 3.° sur différentes 7mes de Dominante, 7mes diminuées, 7mes Sensibles et les renversements de ces accords, pourvu que sa dissonnance soit résolue convenablement.

EXEMPLE d'une Sous-Dominante allant sur différents Accords parfaits ou leurs renversements.

EXEMPLE d'une Sous-Dominante allant à d'autres Sous-Dominantes.

Autre EXEMPLE d'une succession de Sous-Dominantes.

(1) Cette Sous-Dominante peut jouer aussi comme l'on sait le rôle de sixième note mineure de la gamme allant à la cinquième, alors elle est accompagnée de la 3^{ce} 5te et 6te majeure. EXEMPLE.

Autre EXEMPLE d'une succession de Sous-Dominantes.

EXEMPLE d'une SOUS-DOMINANTE allant sur différentes 7.mes DE DOMINANTE.

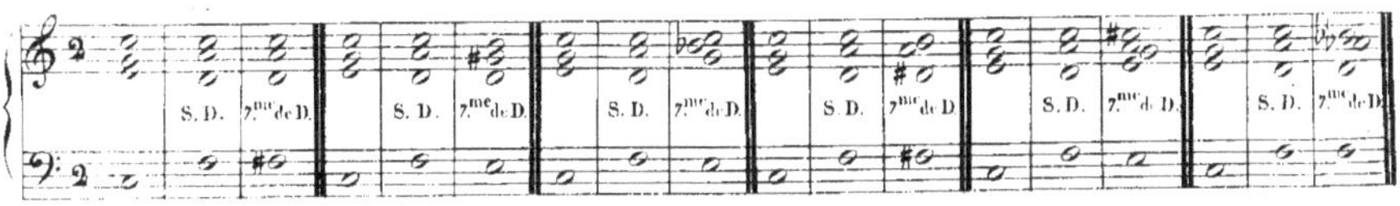

EXEMPLE d'une SOUS-DOMINANTE allant sur différentes 7.mes DIMINUÉES.

EXEMPLE d'une SOUS-DOMINANTE allant sur différentes 7.mes SENSIBLES.

Les 7.mes SENSIBLES et 7.mes DIMINUÉES peuvent aller aussi quand la mélodie le permet, sur des SOUS-DOMI_
NANTES DU MODE MAJEUR et MINEUR, pourvu que les dissonnances de ces accords soient résolues convenablement.

EXEMPLE d'une 7.me SENSIBLE allant sur des SOUS-DOMINANTES.

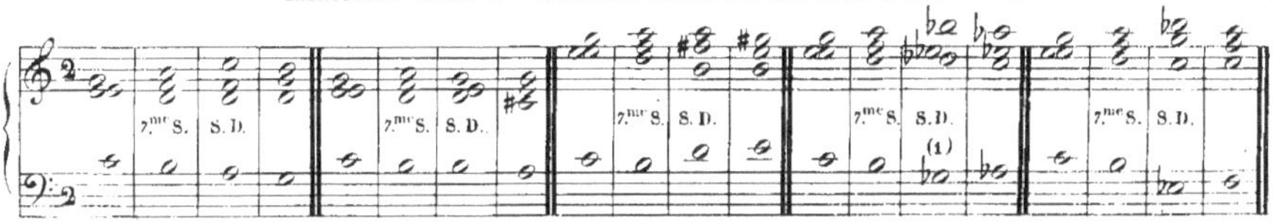

EXEMPLE d'une 7.me DIMINUÉE allant sur des SOUS-DOMINANTES.

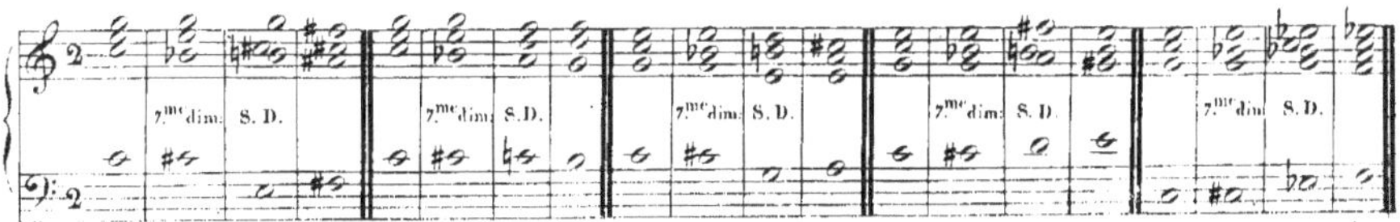

(1) Pour ne pas avoir l'intervalle difficile à chanter de SI naturel à SOL♭ à la Basse, on peut écrire FA♯ à la place de SOL♭,
alors on fera en UT♯ au lieu de RÉ♭, ce qui reviendra toujours au même.

44   Voici maintenant les trois accords avec leurs marches irrégulières employés dans quelques phrases de mélodie.

ACCORD DE DOMINANTE suivi d'une SOUS-DOMINANTE DU MODE MINEUR étrangère au ton de la Dominante.

ACCORD PARFAIT dit TONIQUE suivi d'une 7.me DIMINUÉE étrangère au ton de l'accord parfait.

ACCORD PARFAIT dit TONIQUE suivi d'une 7.me DE DOMINANTE étrangère au ton de l'accord parfait.

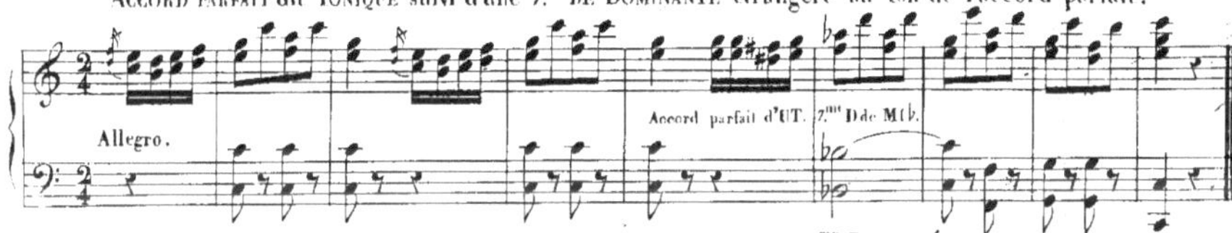

ACCORD DE SOUS-DOMINANTE suivi d'un accord de 7.me DIMINUÉE.

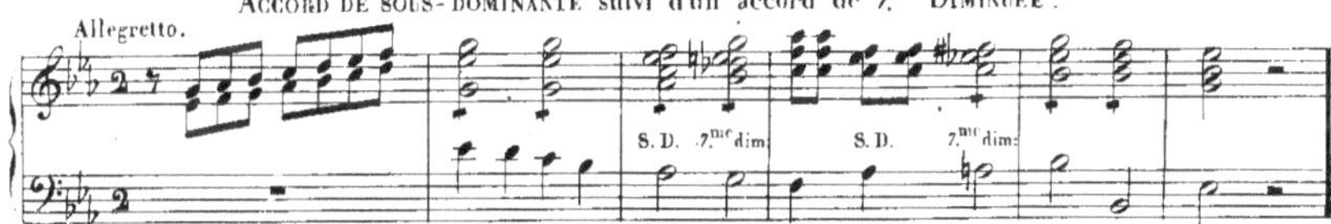

ACCORD DE SOUS-DOMINANTE suivi d'une 7.me DE DOMINANTE étrangère au ton de la Sous-Dominante.

Accord de Sous-Dominante suivi d'une 7.me Sensible étrangère au ton de la Sous-Dominante.

Accord de Sous-Dominante suivi d'une 7.me diminuée étrangère au ton de la Sous-Dominante.

En résumé on voit par le contenu de ce chapitre que les trois accords plus les dérivés de la Do_ _minante ont par leurs marches irrégulières toutes les combinaisons possibles.

Si l'on avait pas craint encore ici d'augmenter ce volume, on aurait donné des exemples de marches irrégu_ _lières des trois accords avec quelques altérations. On pourra parvenir du reste en consultant la première partie de cette ouvrage (Page 65) à obtenir ce genre d'harmonie qui est susceptible de faire un fort bel effet.

Il faut éviter de faire abus des marches irrégulières car avant toute chose il faut être simple et vrai, sans quoi on ne ferait que de la musique tourmentée et par cela peut naturelle.

(ORDRE DE TRAVAIL) Les élèves devront composer des mélodies toujours en rondes, blanches et quel_ _ques noires, et chercheront tour à tour à y placer des basses rien qu'en accords parfaits, en Sixtes, puis s'exer_ _ceront en outre à éviter ou à employer avec adresse le second renversement de l'accord de Dominante puis en_ _fin à mettre sous ces mêmes mélodies des basses ou accords avec leurs marches irrégulières.

ARTICLE 6.

DE LA PONCTUATION DU DISCOURS MUSICAL.

Une phrase de musique étant la même chose que ce qu'on entend par le mot période dans le discours de la parole, il s'en suit de la, que dans le discours musical ou morceau de musique, il y a des demi-repos, des repos plus ou moins complets, des conclusions ce qui correspond aux membres de phrases aux phrases, aux périodes, et au discours dans le langage de la parole; la ponctuation de la mélodie ne peut être bien sentie, qu'en faisant faire aussi à la basse de concert avec elle, les mêmes repos aux mêmes endroits: cette ponctuation ne s'opère en partie que par le moyen des cadences. (Voyez cadences Page 113 dans la première Partie de cet ouvrage.)

DES DEMI-REPOS.

Les Demi-repos se font savoir 1.° avec des cadences imparfaites c'est à dire par le passage d'une Toni-que a une Dominante. 2.° quelquefois avec de nouvelles toniques passagères en forme de petites modulations sur tous les dégrés de la gamme, hors le septième, 3.° sur la vraie tonique quand le chant fini à sa tierce ou à sa quinte, 4.° quelquefois aussi par le passage d'une Dominante renversée ou non renversée à sa Tonique renversée.

L'Accord de Dominante qui forme le demi-repos doit être presque toujous sans renversement, et l'accord qui précède la dominante peut-être avec ou sans renvesement, selon que la mélodie le permet c'est-à-dire de manière à ce que les notes de la mélodie ne soient pas les mêmes que celles de la basse.

EXEMPLE d'un DEMI-REPOS sur la Dominante.

La Tonique qui forme un demi-repos sur le 2.nie 3.me 4.me et 6.me dégré d'une gamme doit être presque toujours sans renversement, celui qui précède cette tonique peut être avec ou sans renversement, selon que la mélodie le permet.

EXEMPLE d'un demi-repos pratiqué avec une Tonique passagère sur le 3.me dégré de la gamme.

EXEMPLE d'un demi-repos pratiqué avec une tonique passagère sur le 3.me dégré de la gamme.

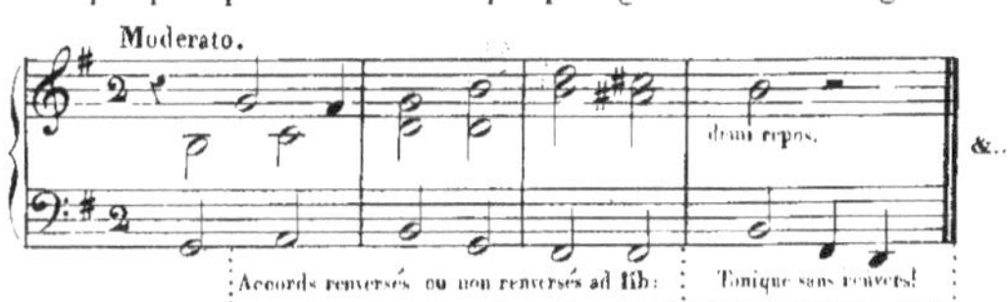

EXEMPLE d'un demi-repos pratique avec une tonique passagère sur le 4.me dégré de la gamme.

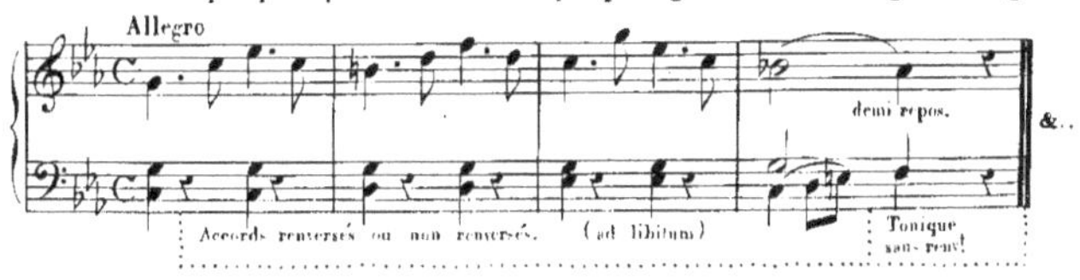

(1) On voit que sur la Dominante on peut mettre la 4.te et 6.te pourvu qu'on vienne immédiatement à son accord ordinaire, dans cette circonstance ces deux dominantes sont considérées comme n'en faisant qu'une.

EXEMPLE d'un demi-repos pratiqué avec une Tonique passagère sur le 6.me dégré de la gamme.

Quand le demi-repos se fait par la terminaison du chant sur le troisième ou le cinquième dégré de la gamme sans moduler, l'accord de tonique doit être sans renversement, celui qui le précède peut être avec ou sans renversement.

EXEMPLE d'un demi-repos pratiqué sur le troisième dégré de la Tonique.

EXEMPLE d'un demi-repos pratiqué dans la mélodie sur le cinquième dégré de la Tonique.

Néanmoins le demi-repos peut quelquefois se faire avec un accord renversé, quand cet accord a une marche naturelle avec les suivants.

Même mélodie que la précédente avec le demi-repos pratiqué sur un accord renversé

Autre EXEMPLE d'un demi-repos pratiqué avec un accord renversé.

EXEMPLE d'une succession de demi-repos pratiqués avec des accords renversés.

La mélodie de concert avec l'harmonie peuvent prolonger assez longtemps une succession de demi-repos, en voici un EXEMPLE.

On pourrait prolonger encore les demi-repos de cet exemple, mais on finirait par ne plus comprendre le sens de la mélodie; ce serait de même que dans le discours de la parole si on prolongeait les menbres de phrase à l'infini sans arriver à une conclusion.

DU REPOS.

Les Repos se font avec des cadences parfaites, c'est à dire par le passage d'une Dominante sans ren.versement à une tonique sans renversement, et encore faut-il que le chant finisse par la Tonique, sans quoi s'il terminait à la Tierce ou à la Quinte de l'accord, le repos se trouverait tellement affaibli qu'il entrerait dans la classe des demi-repos comme on l'a vu plus haut.

La Dominante qui précède la Tonique peut-être elle même précédée d'une sous-Dominante qui doit être le plus souvent sans renversement.

Quelquefois on opère aussi un repos avec la cadence plagale, qui consiste dans le passage d'une sous-Dominante à une tonique de laquelle sous-Dominante on retranche le plus souvent la quinte ou la sixte cette cadence est ordi- -nairement précédée d'une cadence parfaite, ce genre de repos ne s'emploie guère que dans la musique religieuse.

EXEMPLE d'un repos ou Point musical.

Autre **EXEMPLE** d'un repos ou point musical.

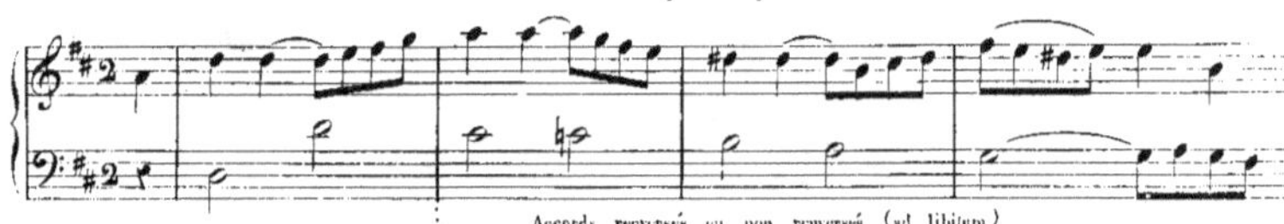

EXEMPLE d'un repos ou point musical dans le style religieux opéré par la cadence plagale précédée comme il a été dit d'une cadence parfaite.

DES FINS DE PHRASE ou PÉRORAISON MUSICALE.

On peut prolonger un repos et en faire une phrase plus complette, qu'on appelle péroraison musicale, en employant des Cadences rompues, c'est-à-dire en suppléant à la Tonique sans renversement qui termine la cadence parfaite, son accord de Tonique renversé, ou tout autre accord avec ou sans renversement de tons qui toutefois puissent coïncider avec le ton principal. Plusieurs de ces cadences rompues peuvent se succéder, suivant que l'on veut faire attendre le point final plus ou moins longtems.

EXEMPLE d'une Péroraison musicale.

D'après le sens donné aux cadences rompues on voit qu'elles tiennent le milieu entre la virgule et le point, en ce qu'elles éloignent à chacune d'elles la fin de la péroraison. (On verra dans la première Partie de cet ouvrage,(Page (114) des modèles de cadences rompues.)

(ORDRE DE TRAVAIL) Les Élèves en mettant des basses sous les mélodies qu'ils auront composées toujours en rondes blanches et quelques noires, devront faire attention à les bien phraser et à leur donner de la clarté à l'aide des demi repos, des repos opérés par la basse.

ARTICLE 7.

DES NOTES RÉELLES ET DES NOTES ACCESSOIRES.

On distingue dans la musique deux espèces de notes savoir: 1.º celles qui forment le fond principal de la musique qu'on appelle notes réelles, 2.º celles qui ne servent qu'à la broder que l'on appelle notes accessoires; il n'y a dans ces deux espèces de notes que les notes réelles sur lesquelles on doit faire porter l'harmonie.

Les notes accessoires se divisent en deux classes, savoir: en notes de passage et en petites notes.

DES NOTES DE PASSAGE

Les notes de passage sont celles qui remplissent les intervalles qui peuvent exister entre les notes réelles ou bonnes notes, c'est à dire celles qui portent harmonie et font marcher ces dernières par dégrés conjoints, elles tombent ordinairement sur le temps faible de la mesure, ou sur la partie faible des temps de la mesure, elles ont cela de différent des petites notes que ces dernières se font aux temps forts comme on le verra quand il va en être question. (Voir les notes de passage dans la première partie de ce traité (Page 95 et suivante)

Quand on emploie des notes de passage dans plusieurs parties à la fois, il faut faire attention à ce qu'elles marchent par Tierce, par Sixte, ou par mouvement contraire.

Les notes de passage peuvent être coupées par des silences de petites durées, ce genre de notes de passage fait plus d'effet dans la mélodie que dans la basse. EXEMPLE.

EXEMPLE de notes de passage coupées par de petits silences pratiqués par la basse.

On peut broder aussi les notes de passage par d'autres notes de passage. EXEMPLE.

La double broderie ôtée de l'exemple précédent, il ne reste plus que les simples notes de passage que voici.

On peut considérer certaines notes d'une mélodie large comme notes de passage, quand elles ont les qualités pour cela, ou comme notes portant harmonie, l'un est aussi bon que l'autre, cela est arbitraire. c'est pourquoi on peut écrire indistinctement la basse de la mélodie suivante de ces différentes manières.

avec des notes de passage dans la mélodie.

____

(1)   Les notes marquées de ce signe ✚ sont des notes de passage.

Il faut observer le mouvement d'un morceau pour savoir si l'on doit en envisager quelques unes de leurs notes comme notes de passage ou comme notes réelles, car si l'on voulait faire porter harmonie sur différentes noires, croches, ou doubles croches composant la mesure d'un mouvement lent, ce qui serait bon dans ce cas, ne le serait pas si le mouvement était plus vif, parceque les petits détails d'harmonie loin d'être entendus feraient confusion ; et telle basse adoptée à une mélodie d'un mouvement vif étant changé en un mouvement lent pourrait paraître dure à l'oreille par la rencontre des notes de passage qui se trouveraient avoir une trop longue durée.

EXEMPLE d'une mélodie dont la basse est convenable pour être exécutée lentement et qui ferait confusion dans un mouvement vif.

EXEMPLE d'une mélodie dont la basse est convenable pour être exécutée dans un mouvement ALLEGRO et qui serait dure dans un mouvement lent à cause de la rencontre mal ordonnée des notes de passage.

(OBSERVATION) Malgré tout le desir d'éviter les répétitions qui se sont déjà rencontrées et qui se rencontreront encore quelquefois entre la première partie de cet ouvrage et LA BASSE SOUS LE CHANT elles ont paru indispensables voulant apporter à ce traité des connaissances nécessaires pour lui donner un air d'indépendance.

DES PETITES NOTES.

Les Petites notes de même que les notes de passage ne portent pas harmonie, elles s'écrivent plus communément en notes de même caractère que les notes réelles qu'en petites notes, ainsi pour rendre le passage suivant : on écrit ces petites notes tel qu'il suit par ce moyen on sait positivement quelle valeur on doit leur donner, mais si d'un côté elles ont l'avantage de pouvoir préciser d'une manière exacte l'exécution écrites en notes réelles, elles ont aussi le désavantage de ne pas se faire distinguer d'une manière prompte des notes portant harmonie.

Les petites notes se font toujours aux temps forts de la mesure, ou sur la partie forte des temps.

Les petites notes ont lieu principalement dans les parties supérieures, néanmoins elles peuvent se pratiquer dans les parties inférieures quand ces dernières sont chargées de faire du chant, dans ce cas, il faut avoir soin d'éloigner la partie qui fait les petites notes des parties sans broderie, afin de ne pas mettre d'incertitude dans les accords.

Les petites notes sont celles qui entourent les notes réelles, ainsi UT à pour petites notes SI ♮, SI ♭, RÉ ♮, RÉ ♭; RÉ à pour petites notes UT ♮, UT ♯, MI ♮, MI ♭, &c...

Les petites notes ne procèdent pas comme les notes de passage par gamme ou fragment de gamme, elles attaquent au contraire presque toujours par dégrés disjoints, puis, ont leur marche soit un dégré en montant, soit un dégré en descendant.

EXEMPLE.

Il faut comme aux notes de passage dépouiller la mélodie de ses petites notes pour en trouver la basse, ainsi en détruisant les petites notes de la phrase précédente il ne reste plus que ces simples notes.

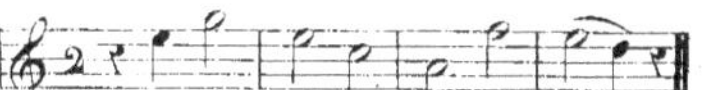

sous laquelle phrase on peut mettre alors très facilement une basse comme par exemple celle qui suit

ou ce qui revient au même avec les petites notes.

de même que dans les notes de passage, il y a certaines petites notes qui peuvent être envisagées comme telles ou comme notes portant harmonie.

EXEMPLE d'une même phrase de mélodie ou l'on va tour à tour en considérer quelques unes de ses notes comme notes accessoires ou comme notes réelles.

Dans un mouvement vif on peut faire succéder à une petite note une autre petite note par dégrés disjoints, mais il faut alors qu'elles appartiennent toutes deux à la même note réelle. EXEMPLE.

Les petites notes peuvent être employées avec des notes de passage. EXEMPLE.

Autre EXEMPLE de petites notes employées avec des notes de passage.

Il faut éviter que les petites notes ayent une trop longue durée, cette observation est de toute rigueur surtout quand elles sont dans les parties intermédiaires.

56

Les petites notes peuvent se faire à deux et quelquefois même à trois parties dans ce cas il faut qu'elles s'harmonisent bien entr'elles aussi est-il nécessaire qu'à deux parties elles marchent presque toujours en tierces, en sixtes quelquefois aussi par mouvement contraire, et presque toujours une partie en mouvement contraire quand elles sont à trois.

EXEMPLES.

Quand on emploie des petites notes dans trois parties à la fois, il faut éviter qu'elles fassent des quintes de suite entr'elles. _Quand les petites notes sont d'une valeur brève, elles peuvent être accompagnées par des accords entiers comme si elles n'existaient pas.

EXEMPLE.

Si une mélodie commence par une petite note d'une grande valeur, il vaut mieux faire entendre par avance à la basse l'accord tel qu'il doit être sans la petite note. EXEMPLE.

Pour l'ordre établi dans cette seconde partie, puisqu'on peut envisager les APPOGIATURE, les NOTES ou DISSONNAN_TES de GOÛT, et les SYNCOPES comme dissonnances ou comme notes accessoires, on va les ranger ici dans cette dernière catégorie.

DES APPOGIATURE.

Les Appogiature sont des notes qui ne comptent pas dans l'harmonie elles retardent alors des notes réelles, ces retards ont cela de particulier qu'ils sont d'une durée souvent beaucoup plus longue que les notes qu'ils ont retardées; ces retards ont par cette raison une force que n'ont pas les notes réelles; en résumé on peut dire que les appogiatures sont des notes d'appui enfantées par le goût ou le caprice.

Les Appogiature ne se rencontrent que dans la mélodie et principalement dans les parties supérieures d'une composition, ils peuvent retarder des notes tant en montant qu'en descendant, et doivent faire leur résolution par degrés conjoints.

Les notes retardées par les appogiature peuvent se faire entendre pendant les retards, il faut dans ce cas avoir soin que ces notes soient au moins à distance de 7.me si c'est un retard en montant, et au moins à distance de 9.me si c'est un retard en descendant.

EXEMPLE de deux Appogiature, le premier faisant sa résolution en descendant, et le second en montant.

On voit dans cet exemple que l'harmonie de la basse à été mise comme s'il n'y avait point d'appogiature, néanmoins il arrive aussi qu'on peut quelquefois faire porter une harmonie particulière à ces genres
de note, on va le voir par le même Exemple ou les deux Appogiature vont compter comme harmonie.

Les Appogiature peuvent avoir des durées plus ou moins longues, en voici qui vont prendre toute la
valeur de la mesure.   EXEMPLE.

Même EXEMPLE que le précédent avec les appogiature portant harmonie.

EXEMPLE d'Appogiature dont plusieurs sont encore de plus longues durées que les précédentes.

Les Appogiature peuvent être précédés et suivis de petites notes ou de notes de passage. EXEMPLE.

Les appogiature peuvent se quitter quelquefois avant d'avoir fait leur résolution par dégrés conjoints, dans ce cas la note qui vient immédiatement après l'appogiature doit être bonne note de l'harmonie. EXEMPLE.

Les appogiature et les petites notes ont parfois une grande analogie si bien que dans quelques uns des Exemples qui précèdent et celui qui va suivre on peut leur donner l'une et l'autre dénomination.

DES NOTES OU DISSONNANCES PAR ANTICIPATION.

Comme il a été dit dans la première partie de cet ouvrage les anticipations sont des notes qui anti_cipent sur l'accord qui suit, elles ne peuvent avoir que peu de durée, et ont lieu tant dans la partie aigue que dans le corps de l'harmonie, néanmoins la partie aigue leur est plus naturelle.

EXEMPLE d'une mélodie qui comporte en elle même des anticipations.

Autre EXEMPLE d'une mélodie comportant des anticipations.

Autres **EXEMPLES** d'anticipations.

On anticipe quelquefois sur une petite note, c'est à dire sur une note ne portant pas harmonie, cette espèce d'anticipation demande beaucoup de ménagement et un certain acquit pour l'employer à propos. EXEMPLE.

Il y a des circonstances ou des notes de mélodie doivent être considérées comme anticipation et d'autres où ces mêmes notes ne peuvent pas être considérées telles, ainsi dans

où l'anticipation est nécessaire vu que pour terminer la phrase il faut faire précéder la tonique de la Domi. nante, c'est pourquoi on se voit forcé de mettre sous le RÉ, MI qui va la terminer l'accord de dominante, ce qui fait que le RÉ porte l'harmonie et que le MI se trouve être une anticipation ; mais le même RÉ, MI n'étant pas à la fin de la phrase et par conséquent pas forcé d'y faire entendre la dominante, on pourrait considérer ce passage de différentes manières selon le caprice du compositeur.

EXEMPLE d'une mélodie où le même RÉ, MI de la phrase précédente va y être employé avec la faci. lité d'y prendre le MI comme anticipation ou comme note portant harmonie n'étant pas à la fin de la phrase.

Autre **EXEMPLE** d'une mélodie dont certaines notes vont être considérées comme anticipations ou comme notes por. tant harmonie. **SANS ANTICIPATION.**

Même mélodie avec des Anticipations.

Il faut éviter que les parties qui avoisinent les anticipations ne se rencontrent à distance de seconde, dans ce cas pour laisser les anticipations libres c'est d'écrire la partie qui formerait seconde une octave plus haute ou plus basse.

Le dernier de ces deux Exemples non corrigés est doublement mauvais non seulement parcequ'il y a une des parties qui est à distance de seconde sous l'anticipation, mais encore parceque cela fait deux octaves cachées entre la partie qui fait MI, UT et celle qui fait RÉ, UT.

Néanmoins on pratique les intervalles de seconde produites par des anticipations, quand les parties qui les font ne sont que des accompagnements ainsi les deux exemples non corrigés ci-dessus peuvent être bons rendus de la manière suivante.

Quand les anticipations ont lieu dans les parties intermédiaires où à la basse, elles demandent généralement à être de moins longue durée que dans la partie supérieure. EXEMPLE.

DES SYNCOPES.

Les Syncopes dont il va être question ne sont pas celles qui ne renferment que des notes réelles, car il n'y a aucune remarque à y faire, mais bien de celles dont la seconde moitié devient note étrangère à l'harmonie apportée par la partie qui ne fait pas la Syncope. EXEMPLE.

On voit que les secondes moitiés de ces Syncopes sont pour la plupart étrangères à l'harmonie apportée par la basse; la seconde moitié du SOL représente le LA, la seconde moitié du LA représente le SI ainsi de suite.

Le moyen de s'assurer si l'harmonie est juste dans les syncopes, est de les détruire et d'écrire le passage comme s'il n'y en avait pas, ce qui donnera la preuve de la bonne ou mauvaise qualité des accords; ainsi donc voici ce qui justifie l'harmonie de la phrase précédente.

Autre EXEMPLE de Syncopes.

Preuve de la justesse de la phrase précédente.

Les Syncopes peuvent se faire dans deux et même trois parties à la fois.

Même Mélodie que la précédente avec des syncopes à trois parties.

____

(1) Quoiqu'on puisse faire marcher les parties par dégrés disjoints dans les syncopes à trois parties, les dégrés conjoints leur sont bien plus préférables.

Les Syncopes ne se font généralement que dans les petites valeurs pour les faire en blanches com_me on va le voir dans l'exemple suivant, il faut que le mouvement en soit un peu vif.

Il peut y avoir dans les syncopes des notes de passage et des petites notes ,   EXEMPLE.

(✿) Les notes marquées de ce signe **+** indiquent comme précédemment les notes de passage et celles marquées de celui-ci **−** les petites notes.

On peut faire des sincopes à la basse, mais il faut les employer avec beaucoup de discernement,
en voici un EXEMPLE.

La première partie des syncopes peut quelquefois être étrangère à l'harmonie au lieu de la seconde comme on l'a vu jusqu'à présent, c'est alors que ces syncopes jouent le rôle d'anticipation. EXEMPLE.

Le même Exemple rendu de la manière suivante fait bien mieux voir les anticipations.

On ne saurait trop recommander à l'attention des élèves, les NOTES de PASSAGE, les PETITES NOTES, les APPOGIATURE, les NOTES ou DISSONNANCES PAR ANTICIPATION, et les SYNCOPES, car sans une étude toute par_ticulière, étude qu'il faut faire en analysant les bons ouvrages, on ne pourra parvenir à distinguer toutes ces notes accessoires et par cela, à mettre une bonne basse sous un chant à moins d'être doué d'une intelligence rare.

(ORDRE DE TRAVAIL) C'est arrivé à ce point, où les élèves pourront commencer à se livrer entièrement à leur imagination en composant des mélodies avec toute espèce de valeurs et à employer dans la formation de leurs basses, tout en observant les règles précédentes, les infinités de ressources que peuvent offrir les notes accessoires.

ARTICLE 8.

DES DISSONNANCES PAR RETARDEMENT.

On peut sous une mélodie quelconque placer des dissonnances par retardement, ces dissonnances s'obtiennent en prolongeant les notes d'un accord sur le suivant. Il faut que la note retardée par le retard descende d'un dégré, il y a une foule d'exceptions que l'on peut voir dans la première partie de cet ouvrage sous les titres de Dissonnances sauvées par elles mêmes, Dissonnances de goût ou de fantaisie, Dissonnances sauvées en montant d'un demi-ton, Dissonnances par parties échangées, il n'est pas de passages mélodiques sous lesquels on ne puisse introduire des dissonnances par retardement, on va en avoir de suite une idée par les simples trois notes que voici avec lesquelles on peut obtenir les combinaisons suivantes.

HARMONIE SIMPLE.

Prolongation de quelques notes des trois basses précédentes formant des dissonnances par retardement.

On voit dans l'Exemple N.º 1. que le SI de la basse est retardé par l'UT ce qui forme une dissonnance de seconde avec le RÉ de la mélodie, au N.º 2. le SOL de la basse qui est retardé par le LA ce qui forme une dissonnance de quarte avec le RE de la mélodie, et au N.º 3. le RÉ qui est retardé par le MI ce qui forme une dissonnance de neuvième avec la mélodie qui est à la basse.

Pour retarder le RÉ par le MI au N.º 3. il a fallu transporter la mélodie à la basse parceque une 9.me n'est praticable que dans la partie supérieure de l'harmonie, c'est pourquoi le passage suivant est mauvais cette 9.me étant à la basse.

EXEMPLE.

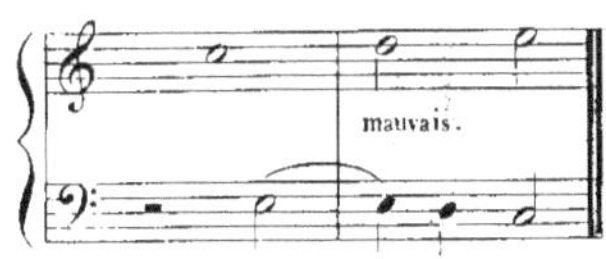

Néanmoins on peut faire le passage suivant parceque la 9.ᵐᵉ renversée en apparence, peut être considérée comme petite note ayant toutes les qualités pour cela. EXEMPLE.

La 9.ᵐᵉ renversée peut prendre encore la figure d'une basse sur laquelle on attaque une des 7.ᵐᵉˢ qui n'a pas besoin de préparation, telle que la 7.ᵐᵉ de Dominante, la 7.ᵐᵉ sensible, la 7.ᵐᵉ diminuée et très sou_ vent la 7.ᵐᵉ de second degré du mode majeur et mineur faisant leurs résolutions par parties échangées.

(Voir les Dissonnances par parties échangées dans la première partie de cet Ouvrage Page 50)

EXEMPLES.

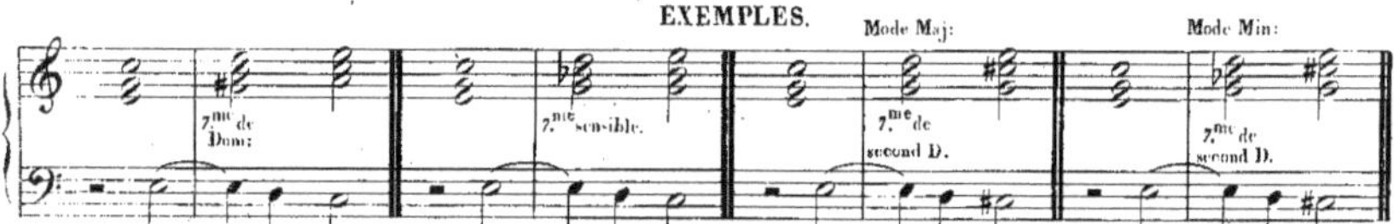

EXEMPLE d'une mélodie sous laquelle on va d'abord mettre une harmonie simple, puis ensuite en prolon_ geant certaines notes de sa basse, y introduire des dissonnances par retardement.

HARMONIE SIMPLE.

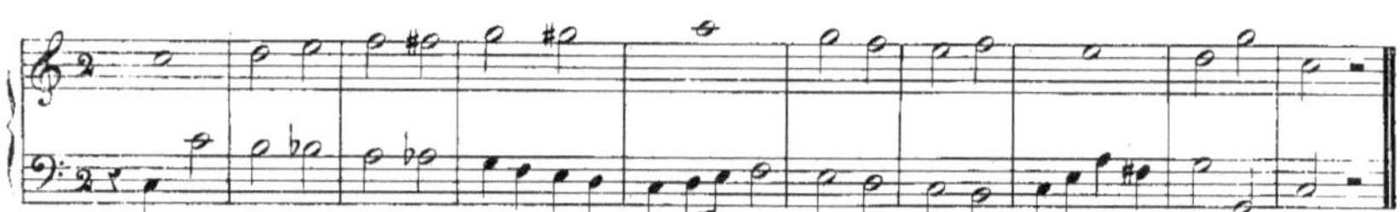

Même phrase avec quelques prolongations formant des dissonnances par retardement.

On voit qu'à la seconde mesure l'UT retarde le SI, le SI retarde le SI♭, à la troisième, le SI♭ retarde le LA, à la sixième le FA retarde le MI, le MI retarde le RÉ, et à la septième le RÉ retarde l'UT et l'UT retarde le SI.

On ne doit pas faire entendre dans les parties ni le retard ni la note retardée, hors cette défense on met l'harmonie sur le retard comme si c'était sur la note retardée par elle même.

Voici donc l'Exemple précédent à quatre parties.

Même mélodie avec des retards d'une autre espèce.

Même mélodie dans laquelle on va introduire des dissonnances par retardement dans le milieu des parties.

Souvent une mélodie comporte en elle même des notes qui sont susceptibles de produire des dissonnances par retardement, alors c'est que ces notes sont ou pointées ou répétées, ou syncopées et qu'après, elles descendent d'un dégré.

EXEMPLE.

Généralement il faut que dans les dissonnances la note retardée soit au temps faible de la mesure ou à la partie faible du temps et que par conséquent la note qui opère le retard soit au temps fort de la mesure ou à la partie forte du temps. EXEMPLE.

(1) Dans les dissonnances par retardement la note retardée peut ne pas être entendue dans son accord, mais alors il faut qu'elle ait lieu à l'accord suivant, ainsi on peut parfaitement bien faire,

Le SOL qui est retardé par le LA à la seconde mesure pour former une 7.ᵐᵉ de Dominante UT, MI, SOL, SI ♭, fait sa résolution sur une autre 7.ᵐᵉ de Dominante SOL, SI, RÉ, FA.

On peut également bien ne faire que supposer la note retardée comme on le voit à la seconde mesure de l'exemple suivant où l'UT de basse retarde évidemment le SI ♮ pour former une 7.ᵐᵉ de dominante qui n'a pas lieu puisque c'est SI ♭ qui vient après, mais dans ce cas il faut que ce retard suive les règles ordinaires des dissonnances par retardement, c'est-à-dire qu'il soit préparé et résolu.

Quoique juste la phrase précédente serait donc moins bonne en plaçant les dissonnances aux temps faibles comme il suit.

Des dissonnances aux temps faibles peuvent pourtant éxister, mais c'est quand il y en a par avance d'autres aux temps forts.

EXEMPLE.

On peut faire entendre les sept notes de la musique dans le même accord disposées non pas à la suite l'une de l'autre comme UT, RÉ, MI, FA, & mais bien de tierce en tierce comme UT, MI, SOL, SI, RÉ, FA, LA, EXEMPLE.

Ceci étant du ressort des dissonnances de goût ou de fantaisie les élèves feront bien de les consulter ainsi que les DISSONNANCES PAR PARTIES ÉCHANGÉES, et les DISSONNANCES SAUVÉES PAR ELLES MÊMES, dans la première partie de cet ouvrage.

Sans pouvoir préciser à quel genre de composition il appartient le plus de faire entendre des dissonnances par retardement, on peut dire que c'est dans la musique sévère telle que la musique religieuse et le style fugué.

REMARQUE SUR LA 4.te et 6.te

La 4.te jointe à la 6.te est comme l'on sait une dissonnance naturelle, c'est le second renversement d'un accord parfait, cette 4.te et 6.te a été traitée dans la première partie de cet ouvrage avec toute la sévérité des régles, mais ce que l'on a pas dit et à dessein, parceque cela peut ôter beaucoup de naturel aux basses si l'on ne sait pas l'employer avec une extrême modération, c'est que cette 4.te avec la 6.te a aussi une marche irrégulière que l'on va faire connaître actuellement.

La 4.te avec la 6.te peut être prise et quittée par une basse en dégrés disjoints pourvu qu'une des deux notes qui forme la 4.te soit entendue par la même partie de l'accord précédent, cette 4.te n'a pas besoin de résolution.

EXEMPLES.

(1) Ces deux Quintes de suite que cela produit sont parfaitement praticables ne pouvant en étendre l'effet désagréable dans une masse de notes comme celles-ci.　　　2.e S.

Une suite de 4tes et 6^{xtes} par dégrés conjoints mais seulement par mouvement contraire peut se pra_tiquer sans qu'il y ait aucune préparation à la 4te. EXEMPLES.

(1) Les deux Quintes que ces deux accords produisent sont tolérées, leur effet désagréable étant détruit par le mouvement contraire de la basse.

AUTRES EXEMPLES.

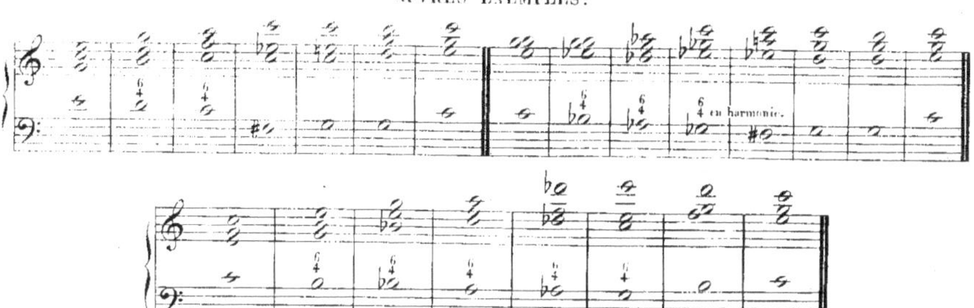

Néanmoins une suite de 4tes et 6^{xtes} par mouvements semblables et par dégrés conjoints peut aussi se faire, quand contre une 4te juste il y en a une augmentée. EXEMPLE.

Une suite de 4tes et 6^{xtes} par mouvements semblables peut aussi avoir lieu quand toutes les parties marchent par demi-tons. EXEMPLE.

Les 4tes ne peuvent être employées seules à moins qu'elles ne suivent les régles ordinaires des dissonnances.

Il ne faut pas, pour avoir la prétention de faire des dissonnances, qui du reste ne sont pas plus diffi_ciles à pratiquer qu'autre chose étrangler les basses, leur donner une marche génée et embarrassée, il en est des dissonnances comme de tout le reste de l'harmonie, il faut qu'il y ait pour leur emploi ordre et mesure.

(OBSERVATION.) Les élèves étant arrivés à ce point, il n'est plus nécessaire de leur assigner un tra_vail particulier, seulement on leur recommandera de joindre dans la formation de leurs basses les nouveaux préceptes contenus dans chacun des articles suivants.

ARTICLE 9.

DU RHYTHME.

Le Rhythme est le retour tantôt égal tantôt varié d'un battement ou d'un bruit quelconque; musicalement il n'est que ce que peut seulement transmettre d'un chant, le frappé d'un corps solide sur un autre.

En musique on distingue deux espèces de Rhythme, celui du battement ou frappé, et celui des intervalles de sons.

Le Rhythme est une partie excessivement essentielle de la musique, en ce qu'il enharmonise si l'on peut s'exprimer ainsi la mélodie. aussi une musique n'est elle bonne que quand elle réunit non seulement la MÉLODIE et l'HARMONIE mais bien encore son troisième pouvoir le RHYTHME.

Comme la Mélodie est rarement d'un Rhythme bien égal (1) c'est aux parties qui l'accompagnent à chercher à lui donner cette régularité qu'elle n'a pas, la plupart du temps, par le moyen du Rhythme frappé et de celui des intervalles de sons.

C'est à la basse qu'appartient autant que possible de guider tous les Rhythmes par une grande régularité; si elle n'a pas d'autres parties qui accompagnent la mélodie c'est elle qui doit alors non seulement former des accords mais encore lui donner un Rhythme en rapport avec la couleur de cette mélodie, en pratiquant dans son harmonie de petits dessins ou formules périodiques soit avec ce qu'on appelle des batteries, ou bien encore avec des valeurs de notes et des intervalles de sons les plus réguliers possibles, comme on le voit dans l'exemple suivant.

Cette mélodie n'étant pas d'un Rhythme régulier, c'est la basse, puisqu'il n'y a que cette partie qui l'accompagne, qui a été chargée de la régulariser autant que possible, aussi pour arriver a ce but le dessin de basse qui est à la première mesure a-t'il été reproduit presque partout pour donner de l'unité à ce chant.

---

(1) En effet il est très rare de voir une mélodie d'un Rhythme aussi parfait que dans cet air d'Haydn ou presque tous les temps de chaque membre de phrase sont pareils en valeurs de notes.

On ne peut former sous une mélodie un grand nombre de Rhythmes tous également bons, suivant que l'on veut peindre telle ou telle sensation.

Voici sous la même mélodie différents Rhythmes, celui qui va suivre quoique peu semblable au premier par la disposition de ses notes, en à presque le même caractère.

Même mélodie avec une basse d'un Rhythme plus agité.

Même mélodie avec un Rhythme encore plus agité.

Ce n'est pas encore assez que de prendre un Rhythme même en rapport avec la mélodie, la difficulté est de savoir le conduire, c'est à dire le quitter et le reprendre ou d'en adopter un autre si cela est nécessaire.

On voit dans tous les exemples précédents que le Rhythme n'est pas suivi ponctuellement partout, si cela était on tomberait souvent dans une monotonie insupportable. (1)

____

Quelques auteurs ont pourtant réussi à soutenir des Rhythmes d'une assez longue durée non seulement sans monotonie mais encore avec un intérêt toujours croissant, néanmoins cela ne peut faire loi qu'autant que le bon goût et le génie président à ce travail.

Il y a une autre espèce de Rhythme peut-être plus difficile à soutenir, c'est celui qui forme en lui-même un second chant régularisé par des notes de même valeur ou d'un retour périodiquement ramené sans pour cela être des batteries. Voici un exemple d'un Rhythme de croches poursuivi à l'aide de l'harmonie qui offre assez d'intérêt depuis le commencement jusqu'à la fin.

Si on veut déranger le Rhythme d'un accompagnement pendant que le chant poursuit la même idée, il faut que ce nouveau Rhythme ait du rapport avec le premier ou qu'il soit pris du chant, enfin il est tout à fait important qu'il ait un air de famille, s'il en était autrement la composition n'aurait pas d'unité.

Voici encore un Exemple d'une mélodie ou le Rhythme de l'accompagnement change plusieurs fois sans pour cela nuire au chant.

On voit que les Rhythmes N.º 1, 2, 3, 4, de l'air précédent ont tous du rapport entr'eux, mais ce qui est bon dans cette circonstance peut l'être moins dans d'autres, cela est subordonné a ce que l'on veut peindre.

Il n'a été question bien entendu ici que du Rhythme apporté dans les accompagnements et dans la basse de la musique instrumentale, car en ce qui est de la musique vocale, on est assugetti par les paroles que l'on a à faire chanter soit dans les airs accompagnés de chœurs, soit dans les morceaux d'ensemble, soit dans des finale d'opéra &c...

Tout ce que l'on peut dire et tous les préceptes possibles seront toujours insuffisans pour déterminer la durée plus ou moins longue à donner à un Rhythme, à en tirer un plus ou moins grand nombre de petits Rhythmes partiels. Pour arriver à un bon résultat on conseillera aux élèves ce qu'on leur a déjà engagé de faire pour les notes accessoires, c'est de consulter les ouvrages des grands maîtres ; ce travail joint aux remarques qui viennent d'être faites pourra leur être d'une grande utilité.

ARTICLE 10.

DES PÉDALES.

Les Pédales se font sur des Dominantes où sur des Toniques ; comme l'on sait dans les accords que l'on y fait entendre dessus, il y en a qui sont plus ou moins étrangers à l'un ou à l'autre de ces deux notes Pédales.

Les pédales dans les morceaux classiques notamment dans la fugue, se mettent toujours à la fin du morceau en procédant d'abord par la Pédale de Dominante puis ensuite par celle de Tonique, mais dans la musique libre on les place à peu près partout.

Les Pédales peuvent être de plus ou moins longue durée, on peut dire qu'il n'existe pas de mélodies sous lesquelles on ne puisse en placer; c'est donc au compositeur à adopter des basses en accords ou des Pédales sous un chant suivant qu'il veut peindre telle ou telle chose.

Les Pédales sont aussi d'une très grande ressource pour détruire la monotonie que pourrait avoir sans elles certains passages de basse.

D'après ce qui vient d'être dit le chant suivant peut donc avoir pour basse une pédale ou exister sans pédale cela est entièrement arbitraire; le voici d'abord avec une Pédale.

Les plus petites Pédales que l'on puisse faire sont celles de trois accords, parcequ'il faut de toute nécessité que le commencement et la fin de la note qui forme la pédale puissent devenir accords justifiables de leur conduite ce qui en comprend déjà deux, puis celui du milieu pour lequel la note pédale est tout à fait étrangère à la mélodie ce qui complette les trois accords.

EXEMPLE d'une Mélodie ou l'on trouve des petites Pédales de trois accords.

Quoiqu'il y ait une infinité de passages qui puissent supporter indistinctement une basse en accords où une pédale, il en est d'autres auxquels il est plus convenable d'adopter plutôt l'un que l'autre, par exemple dans la mélodie suivante ou il serait possible de mettre au commencement du chant une basse en accords, il est pourtant plus naturel d'y placer une Pédale, la raison qu'on peut en donner c'est que la basse dans cet endroit ne pourrait être qu'insignifiante, et que si l'on parvenait a en faire une plus recherchée, qu'elle ne serait pas en rapport avec la basse du reste de la phrase.

74 Dans l'exemple qui va suivre, la Pédale est encore assez nécessaire en se qu'elle évite à la basse une marche commune oü tout au moins une marche tourmentée qu'elle aurait sans cela.

Bien qu'on puisse employer les pédales sous une mélodie quelconque, faut-il encore que se soit dans une composition au moins à trois parties, car dans le DUO on l'emploie rarement à moins que la mélodie soit conçue de manière à faire entendre presque toutes les notes des accords, ainsi qu'on va le voir dans l'exemple suivant.

DUO.

Comme on l'a fait observer dans la première partie de cet ouvrage (Page 127) l'expérience a prouvé qu'il ne pouvait pas y avoir de véritables pédales dans les parties supérieures d'une composition et que les soit-disant pédales qui s'y rencontrent n'étaient que des notes tenues sous lesquelles on faisait entendre des accords dont la note tenue était commune à chacun d'eux.

La tenue suivante ne peut-être bonne dans son entier, la règle ci-dessus n'étant pas observée à l'avant dernier accord qui a pour harmonie une Dominante altérée laquelle ne peut contenir l'UT de la tenue.

Il eût fallu mettre sous le RÉ ♭ un FA ce qui aurait produit un renversement de Sous-Dominante altérée dans sa Sixte, dont l'UT alors ferait partie de l'Accord. EXEMPLE.

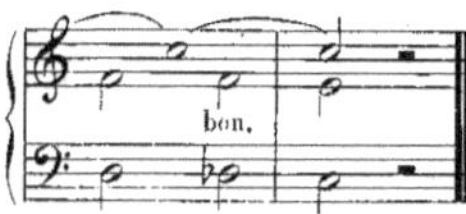

Il en est de même pour l'Exemple suivant qui est fautif dans son avant dernière mesure, la tenue de RÉ ne pouvant pas se combiner pour former un accord avec LA ♯ et UT ♯.

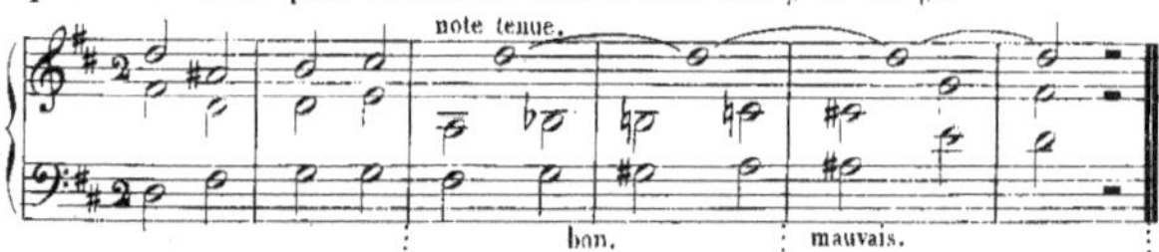

On pourrait néanmoins conserver le LA ♯ et l'UT ♯ sous le RÉ de tenue, mais alors il faudrait les envisager comme petites notes et par conséquent pour leur donner cette qualité, les faire monter par degrés conjoints comme on va le voir.

ARTICLE II.

DE LA BASSE MODULATIVE.

On peut mettre sous un chant quelconque une basse modulative, c'est à dire une basse qui fasse quelques petites modulations quoique le chant ne soit réellement qu'en un seul et même ton, par la raison qu'une note peut appartenir a bien des tons différens, car, par exemple, dans  on y voit tout aussi bien le ton d'UT que le ton de FA, le ton de LA MINEUR, &. &. &, en effet on va voir que ces trois notes peuvent rendre un assez bon nombre de combinaisons, telles sont les prin_cipales que voici.

Puisqu'avec trois notes on a pu mettre toutes les combinaisons ci-dessus, que ne peut-on pas faire pour un chant d'une plus longue durée, c'est ce que l'on va voir dans la phrase de mélodie suivante.

Mélodie avec une basse tonale.

Souvent les modulations que fait la basse ne sont pas si prolongées que les précédentes; on peut donc également bien ne faire que les indiquer sans les poursuivre, comme on va le voir dans les basses suivantes.

N.º 3.
N.º 4.
N.º 5.
N.º 6.

Si avec un chant qui ne module pas et où par conséquent il n'y a ni ♯ ni ♭ accidentels on peut moduler, souvent aussi des ♯ et des ♭ accidentels dans une mélodie ne dénotent pas un changement de ton, car comme il a déjà été dit au commencement de cet ouvrage ces accidents peuvent être considérés comme des altérations.

EXEMPLE d'une mélodie avec des dièzes et des Bémols accidentels sans pour cela moduler.

On voit dans cet exemple que le RÉ ♯ de la seconde mesure est considéré comme quinte augmentée de la 7.ᵐᵉ de Dominante, l'UT ♯ de la cinquième mesure est une altération de la tonique, le LA ♭ de la huitième mesure est une altération de la tierce de la sous Dominante, le SOL ♯ de la dixième mesure est une altération de la quinte de la Tonique et que par conséquent il n'y a pas de modulation.

Néanmoins rien n'empêcherait de supposer des modulations dans l'exemple précédent, c'est pourquoi on pourrait mettre également bien sous cette même mélodie la basse suivante.

L'Harmonie modulative ne fait véritablement bien que dans les mouvements lents car dans les mouvements vifs non seulement elle est nulle d'effet, mais pis encore, car elle peut faire confusion; En l'employant dans un mouvement lent il faut que ce soit généralement aussi pour donner une nouvelle valeur à une mélodie déjà entendue dans son harmonie tonale.

ARTICLE 12.

1.mo DES MARCHES DE MÉLODIE.

2.do DES SILENCES INTRODUITS DANS LES BASSES.

3.º DES UNISSONS.

DES MARCHES DE MÉLODIE.

Lorsqu'il se trouve dans le chant des marches de mélodie, c'est à dire des mêmes dessins reproduits sur dif_férents dégrés de la gamme soit en montant soit en descendant, ces marches demandent à avoir aussi une suite de basses régulières, c'est alors le premier dessin de basse qu'il faut suivre jusqu'à la fin de la marche. EXEMPLE.

On voit dans cet exemple que la marche de mélodie commence à la 7.me mesure et que le dessin de la basse de cette 7.me mesure se reproduit à la 8.me 9.me et 10.me, c'est à dire autant de fois que la mélodie a poursuivit le sien.

On ne peut pas toujours avoir égard aux tons et aux demi-tons dans la conduite d'un dessin, c'est pourquoi dans l'exemple ci-dessus à la 7.me et 8.me mesure la marche de basse procède par demi-tons et à la 9.me et 10.me mesure elle procède par tons, on conçoit que cela ne peut souvent être autrement, sans quoi le chant serait presque toujours dans un ton et la basse dans un autre, néanmoins quand ces tons et ces demi-tons peuvent avoir lieu ce serait faute que de ne pas les y observer.

EXEMPLE d'une mélodie sous laquelle la basse peut observer dans son dessin les tons et les demi-tons.

Une marche de mélodie peut prêter plus ou moins à mettre une basse régulière en observant les tons et les demi tons, mais aussi c'est le dessin que l'on choisit pour la basse qui de même est plus ou moins propice à cela, car voici la même mélodie que la précédente avec une nouvelle marche à la basse qui n'offre plus cette même régularité, son dessin ne consistant que dans la valeur et la quantité de notes de chaque mesure.

Les deux marches de basse sous cette même mélodie sont aussi bonnes l'une que l'autre étant rendues chacune le plus convenablement possible.

DES SILENCES INTRODUITS DANS LA BASSE.

Souvent on obtient de grands effets en laissant reposer la basse plus ou moins de temps, et dans plus ou moins d'endroits, il ne peut y avoir de données certaines dans ces circonstances, sinon, que très souvent la nature du chant l'indique. Il n'est pas nécessaire de dire que les parties qui accompagnent la mélodie en l'absence de la basse doivent faire bonne harmonie ent'elles. EXEMPLE.

Dans les deux Exemples que l'on vient de voir, les silences apportés à la basse sont presque tous marqués par la nature du chant, mais toutes les mélodies ne sont pas de même, au contraire presque toutes laissent la faculté de faire ou de ne pas faire de repos dans la contexture de leurs basses, aussi est-ce pour cela que l'on peut écrire les deux membres de phrase de l'exemple suivant avec plus ou moins de repos.

Quand dans certains passages de mélodie on ne peut pas mettre une bonne basse ce qui arrive quelquefois, il vaut mieux la suspendre jusqu'au moment ou l'on peut la reprendre avec avantage. C'est alors la l'application de cet axiome IL VAUT MIEUX SE TAIRE QUE DE MAL PARLER.

DES UNISSONS.

Il est défendu de faire des Quintes et des Octaves de suite par mouvement semblable, quant aux Quintes on en connait l'effet désagréable aussi la régle demeure-t-elle toujours la même, il n'en est pas ainsi des octaves défendues seulement parcequ'elles sont nulles et prennent la plupart du temps la place d'une bonne note, mais employées comme unisson quelquefois leur effet est prodigieux.

EXEMPLE d'une suite d'Unissons.

On obtient quelquefois de très beaux effets en alternant des unissons avec des basses en accords. EXEMPLE

Des unissons peuvent non seulement s'alterner avec des basses en accords mais encore on peut faire mar_ cher des unissons avec une ou deux, ou trois parties harmoniques. EXEMPLE.

ARTICLE 13.

DES IMITATIONS.

On entend par Imitation de reproduire dans une ou plusieurs autres parties un trait de chant à des distances plus ou moins rapprochées.

Il y a différentes espèces d'Imitations telles sont les principales savoir : LES IMITATIONS PROPREMENT DITES, LES IMITATIONS À L'INVERSE, et LES IMITATIONS DE QUANTITÉ.

Une Imitation peut quitter et reprendre à volonté, c'est pourquoi il ne faut pas détruire le chant qui est la partie la plus intéressante de la musique pour chercher à la prolonger plus ou moins long-temps.

Plus une Imitation est rapprochée plus elle est intéressante.

DES IMITATIONS PROPREMENT DITES.

Les Imitations proprement dites sont celles qui reproduisent textuellement un trait de chant dans une ou plusieurs autres parties soit à l'unisson, à la 2de, à la 3^{ce}, à la 4te, à la 5te, à la 6^{xte}, à la 7me et à l'8^{ve}. Les imita_ tions à l'unisson et à l'8^{ve} sont les plus naturelles, puis viennent ensuite celles à la 4te et à la 5te tant infé_ rieures que supérieures, parcequ'on peut encore en faisant leur reproduction observer les tons et les demi-tons, quant à celles des autres intervalles elles sont beaucoup moins naturelles, les tons et les demi-tons ne pouvant plus avoir lieu aux mêmes endroits.

EXEMPLE d'une imitation proprement-dite à l'8ᵛᵉ inférieure.

On ne donnera pas ici d'Exemple d'Imitation à d'autres intervalles que celui-ci parcequ'à l'article des CANONS on verra à-peu-près ce même travail sur les autres dégrés de la gamme.

DES IMITATIONS À L'INVERSE.

Les Imitations à l'inverse sont celles qui reproduisent dans une ou plusieurs autres parties un trait de chant plus ou moins long à l'inverse de celui entendu précédemment, c'est à dire que, si le chant monte d'un ou plusieurs dégrés la reproduction devra descendre du même nombre de dégrés et VICE-VERSA. EXEMPLE.

DES IMITATIONS DE QUANTITÉ.

Les Imitations de quantité sont celles qui reproduisent dans une ou plusieurs autres parties un trait de chant plus ou moins long rien qu'avec des mêmes valeurs de notes ainsi que leurs mêmes nombres. EXEMPLE.

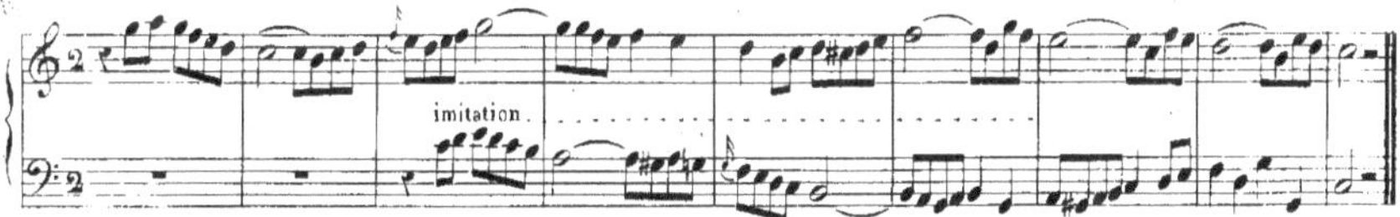

Voici combiné ensemble les trois espèces d'Imitation sous la même mélodie.

Les Imitations peuvent généralement donner de la valeur à une mélodie surtout quand elles sont mises ou cette mélodie paraît quelquefois devoir l'éxiger, on en voit un Exemple dans le passage suivant.

Ici va se terminer le cours des observations de LA BASSE SOUS LE CHANT; si l'élève à bien été pas à pas il doit être arrivé non seulement à pouvoir accompagner avec avantage telle mélodie que ce soit, mais encore à varier son harmonie suivant son caprice, d'un nombre infini de manières; on peut juger de l'éxactitude des mots NOMBRE INFINI par la mélodie suivante composée de huit rondes et sous laquelle on va mettre 69 basses différentes.

N.º 7.
N.º 8.
N.º 9.
N.º 10.
N.º 11.
N.º 12.
N.º 13.
N.º 14.
N.º 15.
en harmonie.
N.º 16.
N.º 17.
N.º 18.
en harmonie.

N.º 19.
N.º 20.
N.º 21.
N.º 22.
N.º 23.
en harm:
N.º 24.
N.º 25.
N.º 26.
N.º 27.
N.º 28.
N.º 29.
N.º 30.
en har:

N.º 31.
N.º 32.
N.º 33.
N.º 34.
N.º 35.
N.º 36.
N.º 37.
N.º 38.
en harmonie.
N.º 39.
N.º 40.
N.º 41.
N.º 42.
2.ᵉ s.

N.º 43.
N.º 44.
N.º 45.
N.º 46.
N.º 47.
N.º 48.
N.º 49.
N.º 50.
N.º 51.
N.º 52.
N.º 53.
N.º 54.

N° 55.
N° 56.
8ª
8ª
N° 57.
8ª
loco. N° 58.
N° 59.
N° 60.
N° 61.
N° 62.
N° 63.
N° 64.
N° 65.
en harmo:
N° 66.

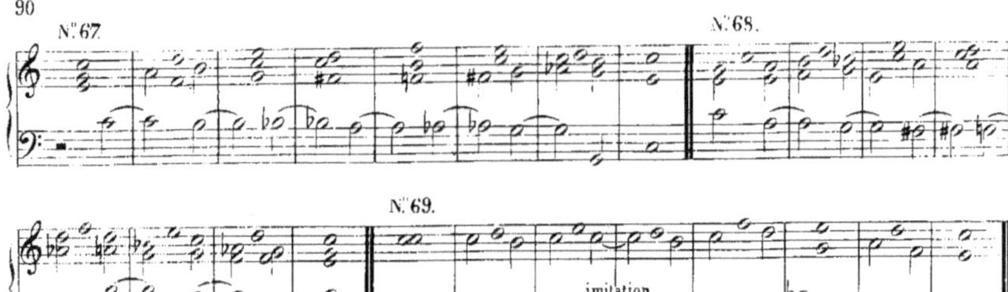

Bien que toutes ces basses n'ayent pas la même valeur, elles sont néanmoins praticables. toutes les combi_ naisons qui en sont le résultat ainsi qu'on a pu l'observer sortent et ne peuvent sortir que de la même source, de cette TRININÉ MUSICALE, de l'ACCORD PARFAIT dit TONIQUE, de celui de DOMINANTE ou 7.me DE DOMINANTE ET SES DÉRIVÉS, et de celui de SOUS-DOMINANTE.

CONCLUSION.

Comme on l'a vu dans tout le cours de cet ouvrage, ce n'est pas tout que de mettre une basse harmonieuse sous un chant, il faut encore qu'elle le fasse valoir, qu'elle lui donne en quelque sorte une seconde vie, car la basse à cette propriété, elle va même plus loin, elle est susceptible de donner à un chant médiocre une valeur bien supérieure à ce qu'il serait sans son secours ; pour avoir cette qualité il faut qu'elle ait tou_ jours une marche naturelle et que prise isolément elle fasse à elle seule autant que possible une par_ tie intéressante.

C'est d'après le caractère que l'on veut donner à un chant qu'on lui adopte une basse plus ou moins enrichie d'imitations, avec plus ou moins de dissonnances, on ne peut donner sur ce point que des notions gé_ nérales, par Exemple on peut dire que la basse d'une romance doit être simple comme son sujet, celle d'un grand air doit être plus recherchée, que quand on entend un motif quelconque plusieurs fois il est bon de l'écrire d'abord dans son harmonie simple c'est après, que l'on peut si l'on veut y employer une basse plus recherchée.

Les basses d'un DUO, TRIO, QUATUOR, QUINTETTI, &.. de musique instrumentale doivent avoir plus de prétention que si c'était les mêmes morceaux pour des voix, par la raison toute simple que les instruments offrent plus de ressources, que leurs parties ont l'air de jouter à qui ce fera le mieux entendre étant dépendantes les unes des autres, au lieu que dans la musique vocale on est continuellement arreté par le sens des paroles et par la prosodie.

Le dernier conseil dont les éléves doivent bien se pénétrer c'est qu'il faut toujours être claire, d'éviter une trop grande rapidité dans le changement des accords, éviter aussi à force de simplicité de tomber dans la nullité, enfin il faut se rappeler que partout ou il n'y a ni ORDRE, ni PROPORTION, ni SYMÉTRIE, il y a confusion.

DES CANONS, DU CONTRE-POINT ET DE LA FUGUE.

Les Canons, le Contre-point et la Fugue sont plutôt l'arithmétique de la musique qu'autre chose, en effet ce ne sont que des calculs continuels, des combinaisons dans lesquels le génie entre pour excessivement peu de chose, mais qu'il faut néanmoins savoir pour quiconque veut savoir écrire purement et correctement.

DES CANONS.

Le mot Canon qui veut dire règle, règlement, se mettait jadis en tête d'une espèce de petite fugue qu'on appelle aujourd'hui Canon, afin d'indiquer les régles à suivre pour son éxécution de là prenant l'avertissement pour la chose elle même, le mot de Canon est devenu le nom technique de ce genre de musique.

Quoique les canons ayent une grande analogie avec les imitations en ce qu'ils reproduisent comme elles dans une ou plusieurs autres parties un chant déjà entendu, ils ne peuvent être mis dans les précep. tes concernant la basse sous le chant, ce travail n'étant pas du tout le même, car l'imitation se fait pour donner comme on l'a déjà dit de la valeur à une mélodie au lieu que le canon n'est qu'un calcul continuel qui se fait la plupart du temps au dépend de la mélodie, cela se conçoit, si par exemple on prend ce motif

avant de continuer la mélodie, il faut savoir, 1.º ou pourra se faire la reproduction, une fois ce point trouvé, savoir, 2.ᵈᵒ si le chant qui suivra ce trait pourra marcher avec la reproduction de cette première phrase, ainsi en prenant le motif précédent il faudra avant de continuer le chant écrire la reproduction ainsi qu'il suit.

puis ensuite chercher quelque chose qui puisse aller sur la fin de la reproduction comme qui dirait

ce qui produit déjà cette ensemble.

et procéder toujours de la même manière jusqu'à la fin du Canon.

Les Canons de même que les imitations se font à l'unisson à la 2.de à la 3.me à la 4.te à la 5.te à la 6.te à la 7.me et à l'8.^{ve} ils peuvent être à 2, 3, 4 parties et plus. il y a différentes sortes de canon dont les princi_ paux sont les CANONS SIMPLES, les CANONS PERPÉTUELS, les CANONS DOUBLES TRIPLES et QUADRUPLES, les CANONS A L'INVERSE, les CANONS PAR AUGMENTATION et par DIMINUTION &. &. &...

Les Canons les plus naturels sont ceux à l'8.^{ve} et a l'unisson quant aux autres excepté ceux à la 4.te et a la 5.te inférieure et supérieure ils sont peu usités à cause de la rencontre des tons et des demi-tons qui ne peut pas se faire aux mêmes endroits ce qui les rend moins agréables.

DES CANONS SIMPLES.

Le CANON SIMPLE consiste à reproduire une ou plusieurs phrases musicales dans d'autres parties laquelle reproduction se fait entendre à plus ou moins de distance du point de départ, néanmoins plus cette reproduction est rapprochée plus la composition est intéressante, dans ce genre de canon les parties qui ont fini avant les autres peuvent ajouter une queue qui devient remplissage et sert à faire finir toutes les parties en même temps.

EXEMPLE d'un CANON SIMPLE à la 5.te supérieure et à 2 parties.

EXEMPLE d'un CANON SIMPLE à la 5.te inférieure et à 2 Parties.

EXEMPLE d'un CANON SIMPLE à l'8.^{ve} supérieure et à 3 parties.

DES CANONS PERPÉTUELS.

Les Canons perpétuels s'appellent ainsi parcequ'ils retournent toujours sur eux mêmes sans jamais s'arrêter.

EXEMPLE d'un Canon perpétuel à l'8.^{ve} inférieure et à 2 parties.

(1) Les lettres A. B. servent à indiquer que chacune d'elles doit aller reprendre immédiatement à l'endroit de sa lettre.

EXEMPLE d'un Canon perpétuel à la 2.de supérieure et à 2 parties.

EXEMPLE d'un Canon perpétuel à la 5.te supérieure et à 2 parties.

EXEMPLE d'un Canon perpétuel à la 5.te inférieure et à 2 parties.

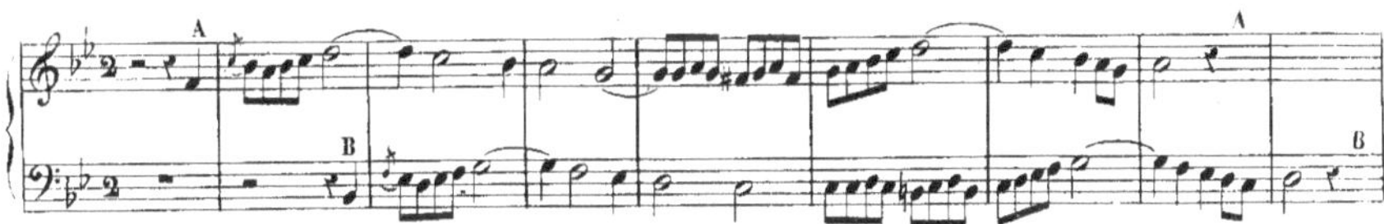

EXEMPLE d'un Canon perpétuel à l'unisson et à 3 parties.

EXEMPLE d'un Canon perpétuel à la 2de inférieure et à 3 parties.

EXEMPLE d'un Canon perpétuel à la 5te supérieure et à 3 parties.

DES CANONS DOUBLES TRIPLES ET QUADRUPLES PERPÉTUELS.

Le CANON DOUBLE est la réunion de deux canons différents qui peuvent s'exécuter ensemble, de même que le canon triple en est la réunion de trois; et le canon quadruple en est la réunion de quatre.

EXEMPLE d'un canon double perpétuel.

EXEMPLE d'un Canon triple perpétuel.

EXEMPLE d'un Canon quadruple perpétuel.

DES CANONS DOUBLES PERPÉTUELS ET A L'INVERSE.

Le Canon double perpétuel et à l'inverse est la réunion de deux canons dont le second repète la mé_
lodie en sens inverse du premier. EXEMPLE.

DES CANONS PAR AUGMENTATION ET PAR DIMINUTION.

Les Canons par augmentation sont ceux qui reproduisent le sujet du double ou du quadruple de la va_
leur des notes du chant primitif de même que les canons par diminution reproduisent le chant primitif en di_
minuant du double ou du quadruple la valeur de leurs notes.

EXEMPLE d'un Canon par augmentation.

EXEMPLE d'un Canon par diminution.

DU CONTRE - POINT.

Quoique l'étude du Contre-point et de l'Harmonie ayent en apparence beaucoup de rapport leur but d'écrire à plusieurs parties étant le même, le contre-point diffère totalement d'elle, en ce que cette science consiste non pas à chercher à faire des suites d'accords plus ou moins nouveaux comme on doit le faire dans l'harmonie, mais à retourner un sujet dans tous les sens à lui créer soit des basses soit des mélodies en dessus en dessous au milieu des parties, et cela avec des régles excessivement sévères et des ressources très bornées.

Le mot Contre-point était employé anciennement pour désigner note contre note, car avant les notes on se servait de petits points.

Le Contre-point est né de l'église, il avait pour but d'arranger le plain-chant à 2, 3 ou 4 parties, plus ou moins.

Il y a deux espèces de Contre-point, savoir: le Contre-point simple à 2, 3, 4 jusqu'à huit parties, et le Contre-point double à l'8.e à la 9.me à la 10.me à la 11.me à la 12.me à la 13.e à la 14.me et à la 15.me dont les plus usités sont ceux à l'8.e à la 10.me et à la 12.me

Les deux espèces de contre-point comprenent à leur tour chacune cinq autres espèces, savoir : 1.º l'espèce d'une Ronde contre une ronde, 2.º une ronde contre deux blanches. 3.º une ronde contre quatre noires, 4.º une ronde contre des Blanches toutes en syncopes, 5.º une ronde contre toutes ses espèces de valeurs que l'on appelle contre-point fleuri, dans cette dernière espèce on y introduit aussi de temps à autre quelques croches, mais quoiqu'on puisse en faire 2, 3, 4 plus ou moins à la fois, le nombre deux est regardé comme le plus convenable, on joint aussi à cette cinquième espèce des notes pointées.

On ajoute aussi au mot Contre-point celui de rigoureux, c'est qu'alors le Contre-point est écrit rigoureusement, c'est-à-dire avec toute la rigidité des règles qui lui sont particulières.

Le Contre-point à deux parties est le plus rigoureux par la raison que moins on a de difficultés à vaincre plus les régles sont sévères de manière que cette sévérité des règles diminue à mesure que le nombre des parties augmente.

On distingue le contre-point moderne du contre-point ancien en ce que le premier admet une tonalité que n'a pas le second, hors ce principe les règles sont les mêmes pour les deux contre-points.

On emploie dans le contre-point que les deux consonnances parfaites la 5.te et l'8.me, les deux consonnances imparfaites la 3.^{ce} et la 6.te et les dissonances de 2.de 4.te 7.me 9.me pourvu que ces dernières soient préparées régulièrement c'est à dire selon toute la sévérité de la règle.

2.e S.

La 5.ᵗᵉ diminuée et son renversement et la 4ᵗᵉ augmentée ne sont pas admises dans le contre-point rigoureux, on ne peut les employer que comme dissonnances passagères.

Il est souvent nécessaire de changer de clef quand les parties changent de voix afin d'écrire toujours dans le diapason de chacune d'elles.

L'Étude du Contre-point se fait sur des plain-chants tels qu'on en voit ci-joint.

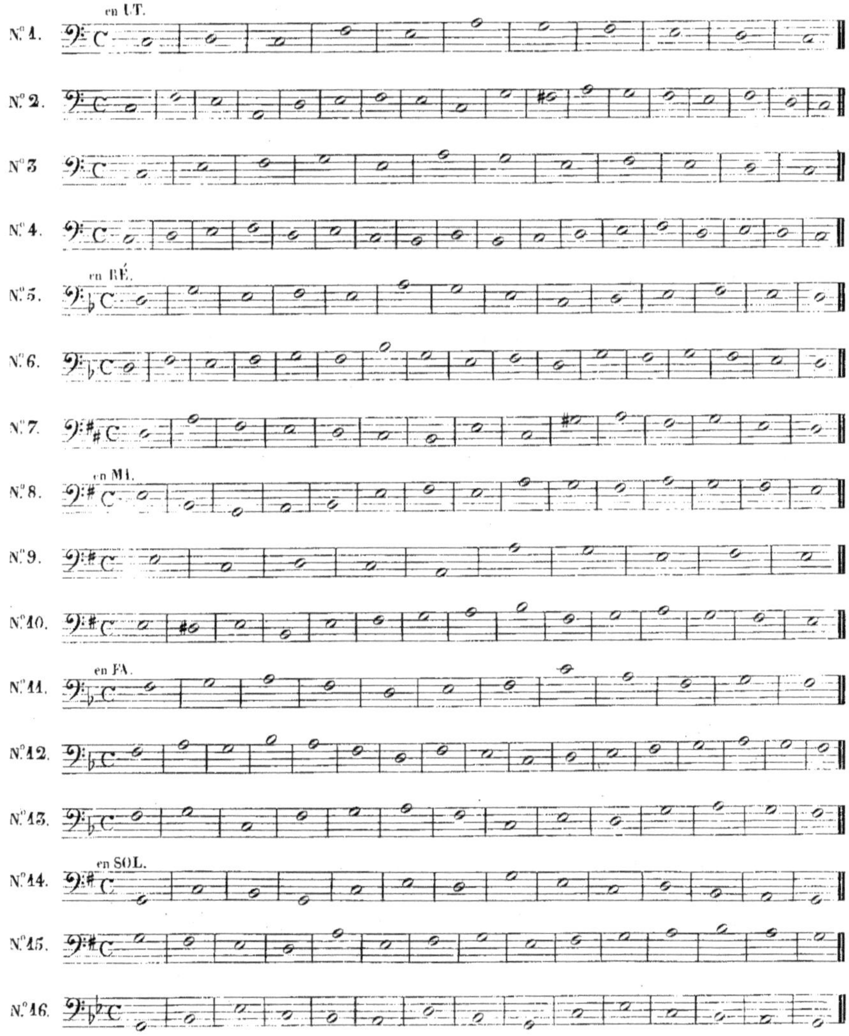

Ces mêmes plains - chants se traitent à 2, 3, 4 et même à 5, 6, 7 et huit parties.

RÈGLES DU CONTRE - POINT SIMPLE À 2 PARTIES.

Il faut commencer ce Contre - point par une des deux consonnances parfaites l'8.ª ou la 5.ª et le terminer par l'8.ª ou l'unisson, l'8.ª est préférable attendu qu'elle produit plus d'harmonie que l'unisson.

—— Il faut éviter autant que possible les unissons dans le courant du Contre - point.

—— Il est quelquefois permis de faire passer la partie supérieure au dessous de la partie inférieure et la partie inférieure au dessus de la partie supérieure, en observant toutefois que les parties ne présentent toujours que des consonnances ; ce croisement ne peut avoir pour but que de bien faire marcher les parties, il n'est pas nécessaire de dire qu'il faut employer ce moyen que quand on ne peut pas faire autrement.

—— Dans le Contre - point (de la seconde espèce) deux blanches pour une ronde, la seconde blanche peut être note de passage dans celui de la (3.ᵐᵉ espèce) quatre noires pour une ronde et celui de la (5.ᵐᵉ espèce) le contre point fleuri on peut faire également des notes de passage.

—— Dans le Contre - point toujours à 2 parties il est défendu de faire des quintes et des octaves de suite par mouvement contraire, elles ne sont tolérées que dans le milieu des parties d'une composition au moins à quatre.

Il est défendu de marcher sur une consonnance parfaite par le même mouvement à moins que cela soit dans une composition à plus de deux parties.   EXEMPLE.

——Il faut autant que possible n'employer dans ce contre-point que des degrés conjoints et n'admettre les degrés disjoints que quand on ne peut pas faire autrement.

——Quand on emploie le mouvement semblable on ne peut faire que jusqu'à 3 tierces ou 3 sixtes de suite tout au plus afin d'éviter toujours le même effet.

——Excepté à la 1re et la dernière mesure, on doit employer autant que possible dans le reste de la composition que des consonnances imparfaites de préférence aux consonnances parfaites ces premières étant plus harmonieuses que les secondes.

On ne doit pas faire de fausses relations, on peut éviter celle du triton en ne faisant pas entendre la note qui la forme. EXEMPLE.

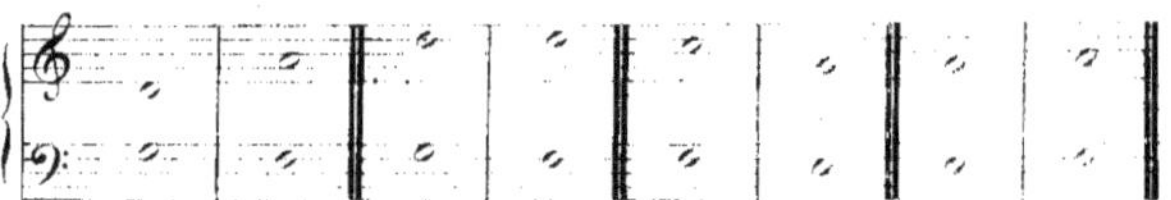

Dans la (2de espèce) de deux blanches pour une ronde, on peut éviter les fausses relations de triton de la manière suivante.

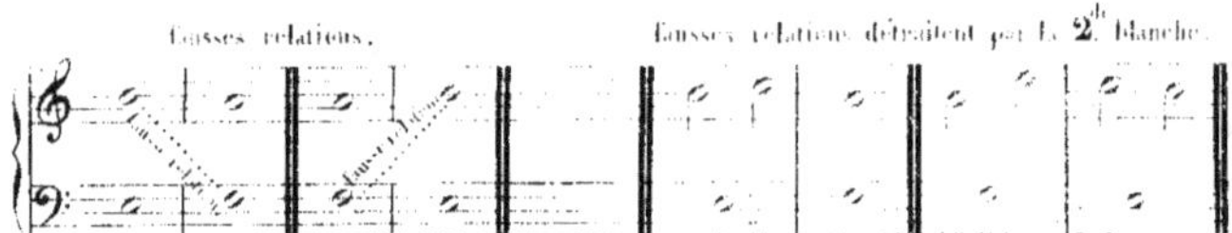

Il faut aussi éviter l'intervalle de Triton quand même cette distance serait remplie par des notes en degrés conjoints, comme on va le voir.

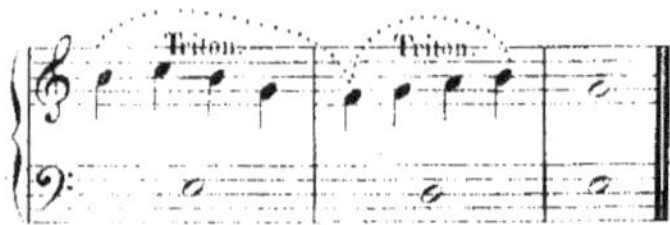

Il est des cas ou le Triton en montant et en descendant peut se pratiquer, c'est lorsque les deux sons qui forment l'intervalle de Triton ne se trouvent point aux deux extrémités de la mélodie et sont ainsi contenues dans une série de degrés conjoints. EXEMPLE.

Dans cette (3me espèce) de contre-point c'est-à-dire de quatre noires pour la ronde quoiqu'il soit plus convenable si on se sert de notes de passage qu'elles soient placées au second et au quatrième temps de la mesure, on peut en pratiquer aussi sur le troisième temps et plus rarement sur le second et troisième temps à la suite l'un de l'autre. EXEMPLE.

Voici en fait de notes de passage un Exemple qui offre une bien grande licence, que quelques maîtres se permettent.

le 7.me SOL marche par degrés disjoints et procède par tierce avant d'arriver à sa note de résolution, les anciens Contrapuntistes appelaient cela NOTE ÉCHANGÉE.

Dans cette 3.me espèce de Contre-point une, deux, et même trois noires ne peuvent sauver deux Quintes et deux Octaves, ainsi il y a faute dans le passage suivant.

Dans la (4.me espèce) de contre-point, deux blanches syncopées contre la ronde, les secondes parties des syncopes peuvent être bonnes notes des accords, ou bien des retards de bonnes notes, dans ce dernier cas il faut pour s'assurer si elles sont bien faites, c'est à dire pour voir si elles ne font ni 5.tes ni 8.^{ves} ca_chées en faire la preuve en détruisant ces syncopes, comme on va le voir. EXEMPLE.

le passage suivant comme Contre-point est fautif parceque les notes retardées forment des quintes de suite.

Comme harmonie ces syncopes pourraient se pratiquer parcequ'alors on envisage le passage comme des accords alternés de Sixtes et de Quintes ou alors il n'y a plus de Quinte de suite.

On ne peut pas faire de suite deux blanches, deux noires, ni deux syncopes pareilles sur le même degré.

On ne peut pas aussi interrompre le Contre-point à deux parties par des silences, cette licence ne se tolère qu'a un bien plus grand nombre de parties et toujours quand on ne peut pas faire autrement.

Dans le travail du Contre-point il faut transporter le plain-chant dans toutes les parties et refaire les autres de manière à ce qu'à chaque déplacement de ce plain-chant cela fasse autant de Contre-point nouveau.

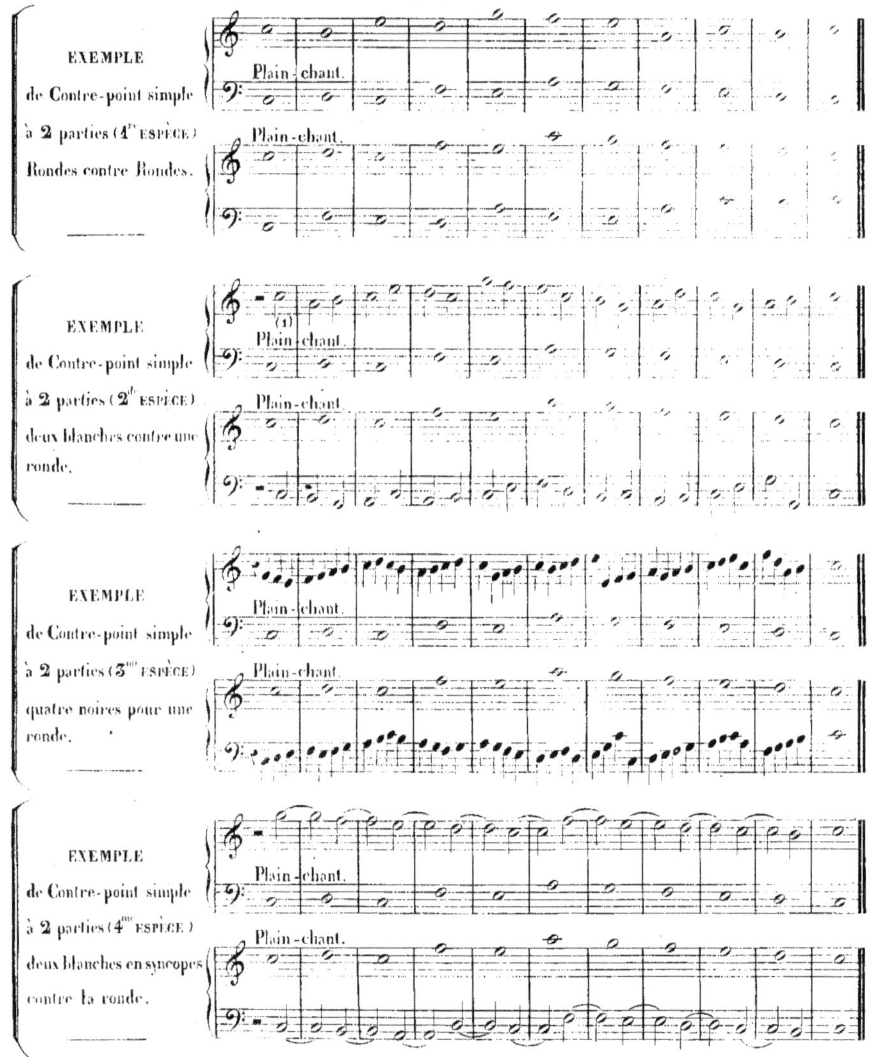

(1) Dans cette espèce et dans les syncopes il est permis si l'on veut, de commencer par une demie-pause, on regarde généralement cela comme plus élégant; dans la 3me ESPÈCE quatre noires pour la ronde on peut commencer aussi par un soupir, cette règle s'étend jusqu'au Contre-point fleuri pour lequel même, on peut remplacer par des silences une partie quelconque de la première mesure.

On pourrait dans le style moderne comme il a été dit plus haut, établir des petites modulations dans le courant du contre-point.

Exemple du Contre-point avec de petites modulations pratiquées sur le même plain-chant que le précédent.

DU CONTRE-POINT SIMPLE À TROIS PARTIES.

Dans le Contre-point simple à 3 parties l'harmonie doit être complète dans chaque mesure, toutes les fois qu'on le pourra sans rendre la mélodie trop disjointe, car si cette mélodie devait trop en souffrir il vaudrait mieux encore supprimer un membre d'un accord et doubler un autre intervalle.

Plus les parties sont rapprochées dans ce Contre-point meilleur est son effet, aussi arrive-t'il quelquefois que les parties se croisent, mais ce croisement ne peut néanmoins durer qu'une ou deux mesures au plus comme on l'a fait observer dans les règles générales du Contre-point.

Ce contre-Point étant moins rigoureux qu'à deux parties vu les difficultés que peut créer la troisième, il est permis quand on ne peut pas faire autrement d'employer l'intervalle de quinte diminuée.

Les intervalles que l'on peut doubler dans les accords incomplets sont la 5.te et l'8.ve, car quant aux 3.res et aux 6.tes elles rendent l'harmonie trop pauvre par leur imperfection. il est pourtant bien des circonstances ou l'on peut enfreindre cette règle, entre autre dans le cas ou les parties se trouveraient marcher plus naturellement de cette manière que de la première.

____

(1) Les répétitions de notes sur le même degré de la gamme sont permises dans le Contre-point fleuri.

Il est excessivement défendu dans ce Contre-point, (1ʳᵉ ESPÈCE), rondes, Contre-rondes, de faire dans telles parties que ce soit des 5ᵗᵉˢ et des 8ᵗᵉˢ cachées, dans les autres valeurs et dans un cas extrême il n'y a que la partie du milieu du Contre-point qui pourrait se permettre cette licence, c'est pourquoi quelques maîtres autorisent les 5ᵗᵉˢ cachées suivantes .

Quand les circonstances l'éxigent, on peut dans une partie de blanches, introduire une demi-pause, mais il faut que le cas soit excessivement difficile, cette licence a lieu de même dans une partie de syncopes mais seulement au temps fort de la mesure, toujours quand il est impossible de faire autrement

Dans une partie de blanches, la seconde blanche peut doubler une tierce ou faire un unisson quand on ne peut pas faire autrement .

Il a été défendu à deux parties de faire ni deux blanches ni deux noires de suite sur le même degré, cette régle est maintenue ici, seulement dans l'espèce de blanches on peut quand il n'y a pas moyen de faire autrement frapper la même note rien qu'a l'avant dernière mesure et pas ailleurs, comme on va le voir.

Dans les BLANCHES, les NOIRES, et le CONTRE-POINT FLEURI, s'il est impossible que les accords soient complets au temps fort de la mesure, il faut s'arranger au moins qu'ils le soient au temps faible .

Ce Contre-point renferme non seulement les cinq combinaisons obligatoires, savoir, trois parties de rondes, où deux parties de rondes avec une partie en blanches ou en noires ou en blanches syncopées ou en Contre-point fleuri, et cela en portant le plain-chant d'une partie à l'autre ce qui nécessite autant de Contre-points nouveaux, puis ensuite viennent les contre-points de fantaisie; tels qu'une partie de rondes contre une partie de noires et une autre en blanches syncopées, ou bien une partie de rondes contre deux parties de contre point fleuri, ou bien encore une partie en rondes une autre en syncopes et une troisième en contre-point fleuri,&. et cela en plaçant toujours le plain-chant tour à tour à chaque partie, ce qui forme un assez bon nombre de combinaisons.

EXEMPLE
de Contre-point simple
à 3 parties (1ʳᵉ ESPÈCE)
rondes contre rondes.

Les Élèves devront d'après ces modèles écrire les combinaisons ci-dessus indiquées.

DU CONTRE-POINT SIMPLE À 4 PARTIES.

Si les règles du Contre-point à trois parties sont moins sévères qu'à deux, on doit penser avec raison et c'est ce qui est en effet, que les règles du Contre-point à quatre sont encore moins sévères que celui à trois.

—— Comme il faut que dans ce Contre-point il y ait toujours une note doublée et quelquefois même triplée selon que l'exigent les parties, on doit de préférence doubler l'8.e et la 3.ce que l'unisson et la 5.te

—— Il peut arriver quelquefois que les accords ne soient pas complets à quatre parties.

—— Dans ce Contre-point on tolère les 5.tes et les 8.s par mouvement contraire, mais toujours dans le cas où l'on ne peut pas faire autrement.

—— Il est aussi permis dans ce Contre-point de marcher à une consonnance parfaite par mouvement semblable.

—— Si la marche des parties n'en souffrent pas, il vaut beaucoup mieux que l'accord de la première mesure soit complet.

—— Une seconde blanche peut cacher deux 5.tes ces 5.tes étant même au temps fort de la mesure, il en est de même pour les 8.ves qu'il est plus convenable de faire au temps faible; il n'est pas nécessaire de dire que cela n'est toléré que quand il n'y a pas moyen de faire autrement.

Une noire ne peut suffire pour cacher deux 5.tes et deux 8.ves il en faut au moins deux.

Voici un Contre-point de FUCHS qui justifie toutes ces licences.

Pour avoir un accord complet à la fin d'un Contre-point, on peut au lieu de faire marcher la note sensible à sa tonique, la faire descendre à la quinte de l'accord final quand même on ferait une quinte cachée; on peut faire monter aussi la note sensible à la tierce du ton. EXEMPLE.

258.

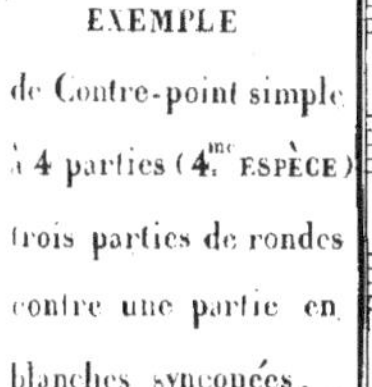

EXEMPLE
de Contre-point simple
à 4 parties (4.ᵐᵉ ESPÈCE)
trois parties de rondes
contre une partie en
blanches syncopées.

EXEMPLE
de Contre-point simple
à 4 parties (5.ᵐᵉ ESPÈCE)
trois parties de rondes
contre une partie en
contre-point fleuri.

MÉLANGE DES ESPÈCES
à 4 parties,
deux parties de rondes
une de blanches et une
autre en noires.

MÉLANGE DES ESPÈCES
à 4 parties,
une partie de rondes
contre trois en contre-
point fleuri.

DU CONTRE - POINT à **5, 6, 7** et **8 PARTIES** .

Dans les Contre - points à **5, 6,** parties on fait presque toutes les valeurs, mais à **7** et à **8** on ne fait guère que des rondes contre des rondes, ou toutes les parties en Contre - point fleuri sur le plain-chant.

Ce Contre-point tout fleuri peut être dialogué en mettant des silences de temps à autre en sorte que véritablement dans cette espèce il n'y a que très peu de passages qui soient franchement à **7** et à **8** parties.

Dans le Contre - point à **5** et à **6**, et principalement dans celui à **7** et à **8** parties les unissons sont tolérées ainsi que les 5.tes et les 8.^{ves} par mouvement contraire même dans les deux parties extrêmes, il n'est pas nécessaire de dire qu'il ne faut employer ces licences que quand on ne peut pas faire autrement.

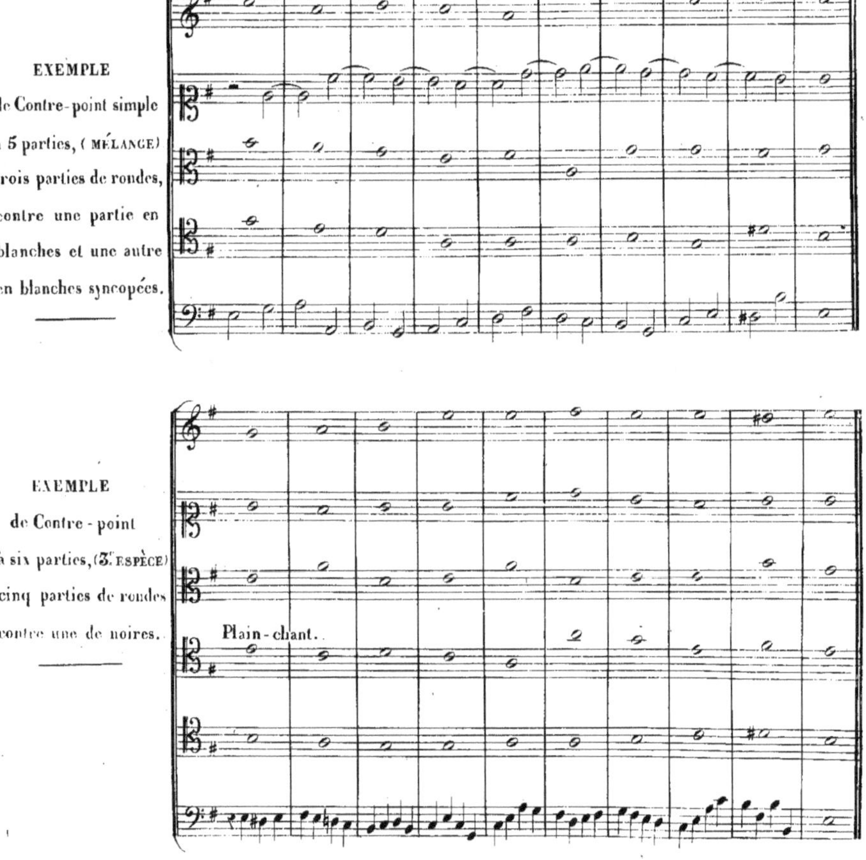

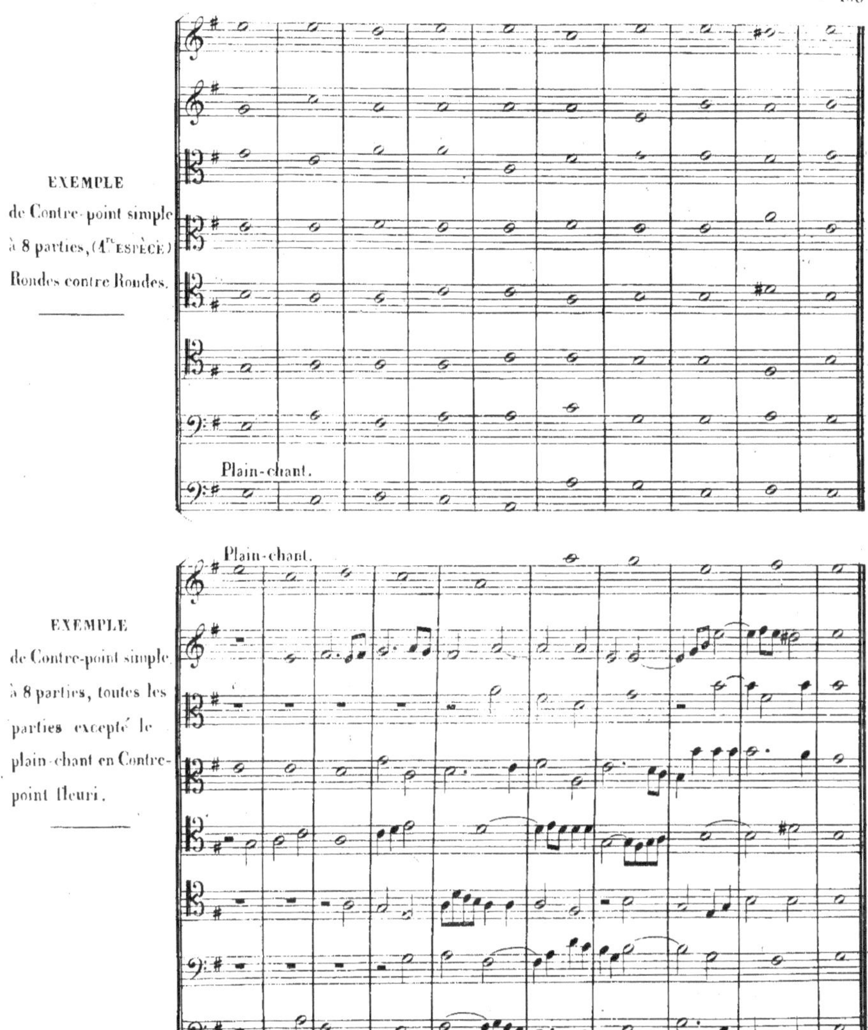

Quand on compose à huit parties il y deux manières d'écrire savoir, en doublant chaque partie d'un chœur à 4, ou bien en faisant un double chœur à 4 parties, dans ce dernier cas il faut que ces deux chœurs soient indépendants l'un de l'autre sous le rapport de l'harmonie, et que chacune des deux masses ait une harmonie compacte, dans ce genre de Contre-point on fait faire quelquefois des unissons à l'octave dans les parties les plus graves.

DU CONTRE - POINT DOUBLE.

Le Contre - point double est celui dont toutes les parties sont combinées de manière à ce qu'elles puissent tour à tour devenir la basse. On parvient a ce résultat en évitant d'employer certains intervalles.

Dans le Contre - point double on peut employer les 5.es diminuées et leurs renversements les 4.es augmentées.

Il y a plusieurs espèces de Contre - point double les plus usités sont ceux à la 10.me à la 12.me et princi‑palement celui à l'8.^{ve}

DU CONTRE - POINT DOUBLE À L'OCTAVE à 2, 3, et 4 PARTIES.

On nomme ainsi ce Contre - point parcequ'il peut se renverser à l'octave en dessous. Dans sa for‑mation on ne doit pas s'écarter des limites de l'Octave attendu que dans le renversement les parties se croiseraient.

De même que dans le contre-point simple, moins il y a de parties dans le contre-point double plus les règles sont sévères, c'est pour cela qu'à deux parties par exemple, il faut éviter les octaves et les unissons si ce n'est qu'au commencement et à la fin du Contre-point, et dans la préparation de quelques dissonnances, leur harmonie étant trop pauvre.

On ne peut pas employer dans ce Contre-point la 5.te juste parceque renversée elle devient 4.te, à moins que cette 5.te ne soit traitée en dissonnance c'est à dire préparée et résolue; on ne peut pas non plus employer la 9.me puisqu'une 9.me ne peut pas se renverser.

Ce Contre - point ne se traite qu'en style fleuri sur les plain-chants qu'on a vus précédemment ou bien sur des sujets donnés eux mêmes en contre-point fleuri, dans l'un ou l'autre cas, il faut s'arranger de manière à mettre le plus d'opposition possible entre le chant primitif et les contre-points ajoutés.

EXEMPLE d'un Contre - point double à l'Octave et à 4 parties.

On s'abstiendra de reproduire cet exemple dans tous les renversements de parties, il suffit de l'éxa‑miner avec attention pour voir que cela peut se faire.

DU CONTRE-POINT À LA 10.me

On nomme ainsi ce Contre-point parcequ'il peut se renverser à la 10.me en dessous.

On ne doit pas s'écarter des limites de la dixième dans ce Contre-point, par la même raison qu'on à donnée en parlant du Contre-point à l'octave.

Deux Tierces, deux Dixièmes, et deux Sixtes de suite ne peuvent pas se faire, attendu que dans leur renversement les deux tierces produisent deux octaves, les deux dixièmes deux unissons, et les deux sixtes deux quintes, on peut s'assurer de ce fait par les chiffres suivants.

l'unisson	la 2.^{de}	la 3.^{ce}	la 4.te	la 5.te	la 6.te	la 7.me	la 8.me	la 9.me	la 10.me
devient 10.me	9.me	8.^{ve}	7.me	6.te	5.te	4.te	3.^{ce}	2.^{de}	unisson.

Voici cette nomenclature de chiffres rendue musicalement.

EXEMPLE d'un Contre-point à la 10.me

Renversement de ce Contre-point à la 10.me en dessous.

Pour transformer ce Contre-point à la 10.me à trois parties on n'a qu'à ajouter à ces deux parties celle du Contre-point à la 10.me non renversé à la partie aigue.   EXEMPLE.

On pourrait quoique cela ne soit pas obligatoire, combiner le Contre-point à la 10.me en Contre-point double c'est-à-dire de manière à ce que les trois parties du Trio puissent se renverser en tous sens. EXEMPLE.

Il est encore possible en n'employant que des tierces ou des sixtes par mouvement contraire dans le Contre-point à la 10.me d'obtenir le quatuor en Contre-point double. EXEMPLE.

DU CONTRE-POINT À LA 12.me

On nomme ainsi ce Contre-point parcequ'il peut se renverser à la douzième en dessous.

On ne doit pas s'écarter des limites de la 12.me dans ce Contre-point.

Nomenclature des chiffres servant à savoir que devient tel ou tel intervalle dans son renversement.

l'unisson	la 2.^{de}	la 3.^{ce}	la 4.te	la 5.te	la 6.^{xte}	la 7.me	la 8.	la 9.me	la 10.me	la 11.me	la 12.me
devient 12.me	11.me	10.me	9.me	8.me	7.me	6.^{xte}	5.te	4.te	3.^{ce}	2.^{de}	unisson.

Voici cette nomenclature de chiffres rendue musicalement.

On voit d'après ce que l'on vient d'exposer que la 6.te devient 7.me aussi pour employer cette 6.te doit elle être préparée et résolue par la partie inférieure ce qui donne une 7.me préparée et résolue par la partie supérieure.

EXEMPLE.

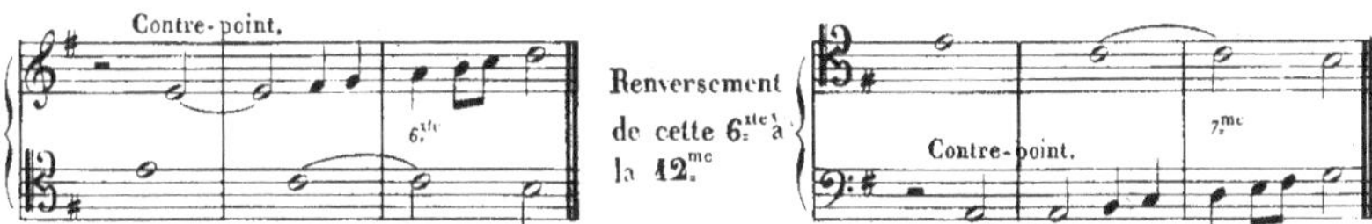

Il serait possible de résoudre la 6.te en la faisant monter d'un degré mais alors la dissonnance de 7.me qu'il en résulterait ne pourrait faire sa résolution que par parties échangées, ce qui deviendrait une très grande licence. **EXEMPLE.**

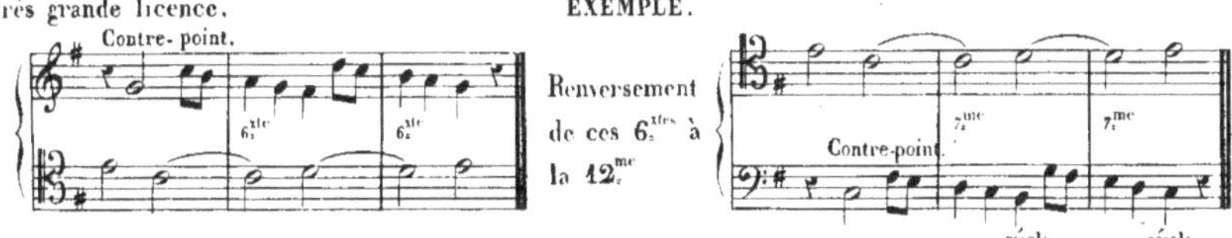

EXEMPLE d'un Contre-point à la 12.me

Renversement de ce Contre-point à la 12.me en dessous.

Il est facile d'obtenir le TRIO d'un Contre-point double à la 12.me en ajoutant une troisième partie soit à la tierce en dessous la supérieure, soit à la tierce en dessus ou en dessous la partie inférieure. **EXEMPLES.**

Et pour transformer le TRIO EN QUATUOR dans ce même contre-point, on a qu'a se régler d'après les EXEMPLES SUIVANTS.

On pourrait avoir encore d'autres renversements en combinant le premier Contre-point d'une autre manière.

DE LA FUGUE.

Le mot FUGUE vient du latin FUGA qui veut dire fuite, en effet les parties d'une fugue semblent se fuir les unes les autres.

La Fugue est un morceau de musique ou l'on traite un chant qu'on appelle SUJET et qu'on pro_mène d'un ton à l'autre, soit à la QUARTE, à la QUINTE, à la TIERCE, à la SIXTE du premier ton et cela avec des règles que l'on va faire connaître plus loin.

Les Fugues sont à deux, trois ou quatre parties et plus.

— Les Fugues en général rendent la musique plus bruyante qu'agréable, c'est pourquoi elles conviennent mieux dans les chœurs que partout ailleurs, néanmoins on fait aussi des Fugues instrumentales.

— Dans la Fugue moderne on peut employer toutes les ressources qu'offrent une harmonie correcte et pure.

— Il y a deux espèces de Fugue, la FUGUE RÉELLE, et la FUGUE TONALE, ou FUGUE DU TON, cette der_nière est la seule et vraie Fugue ; il y en a encore bien d'autres espèces qui sont de même que les précédentes avec plus ou moins de libertés que l'on appelle FUGUES D'IMITATION, FUGUES D'IMPROVISATION, &et.. &et.. &et..

Les principaux éléments d'une Fugue sont :

1°. Un trait de chant qu'on appelle sujet.

2.do La Réponse au sujet.

3.tio Le Contre-sujet ou second sujet.

4°. La Réponse au contre-sujet ou second sujet.

5°. Des Épisodes ou fragments du sujet ou du contre-sujet traités le plus souvent en imitations et en Contre-point simple (on appelle aussi ces épisodes des divertissements)

6°. Des Canons le plus souvent à l'8.ve à la 4.te et à la 5.te pris dans le sujet ou dans le Contre-sujet ou bien encore des Canons par augmentation, par diminution, à l'envers, &c...

7°. Des Contre-points à la 10.me et à la 12.me pris toujours dans le sujet ou le Contre-sujet.

8°. La Stetta ou serré.

9°. Les Pédales.

10°. et enfin la cadence plagale si l'on veut pour finir.

Tous les sujets et les Contre-sujets d'une Fugue doivent être traités en Contre-points doubles afin que chaque parties puissent tour à tour servir de basse.

Il faut que le sujet d'une bonne fugue soit dessiné de telle sorte que la réponse puisse entrer avant la fin du sujet ou tout au moins à la fin, quand il y a impossibilité on est obligé de faire une queue pour joindre la fin du sujet au commencement de la réponse.

La Fugue à deux parties ne peut avoir qu'un contre-sujet, la fugue à trois peut en avoir deux, la Fugue à quatre peut en avoir trois, en sorte qu'à mesure que le nombre des parties augmente, le nombre des contre-sujets augmente en proportion.

Mais on peut aussi ne mettre qu'un ou deux Contre-sujets à une Fugue à quatre parties, c'est qu'a-lors les parties qui sont regardées comme Contre-sujets devront être en Contre-point double et que celles qui ne le sont pas, seront en contre-point simple et par cela pourront varier à leur loisir n'étant consi_dérées que comme remplissage; on peut aussi faire des Fugues simples c'est à dire à un seul sujet quoiqu'étant à plusieurs parties dans ce cas ces Fugues n'ont pas besoin d'être traitées du tout en Contre-point double, les Contre-sujets n'étant que des parties de remplissage.

Le nom de Contre-sujet change pour prendre celui de sujet quand on dit que telle ou telle fugue est à trois ou quatre sujets, car cela veut dire à un sujet et deux ou trois contre-sujets.

Il faut mettre tous ses soins à rendre toujours le sujet d'une fugue bien distinct du contre-sujet ou des Contre-sujets si la fugue est a plus de deux parties; il y a pour cela un moyen qui est de faire contraster le sujet des contre-sujets par le mouvement des notes, en sorte que si le sujet est en notes de peu de durée il faut que le contre-sujet soit en notes plus larges, et que si le sujet est en notes longues que le contre-sujet soit en notes plus précipitées. Quand une Fugue à plusieurs Contre-sujets il faut autant que possible donner une couleur différente à chacun des contre-sujets.

Il est plus élégant de faire précéder d'un silence plus ou moins long la rentrée d'un membre quelconque d'une fugue dans le courant de sa conduite.

Comme il faut au moins deux parties pour former des accords sur une pédale, dans les Fugues à deux parties les pédales ne peuvent donc pas être obligatoires.

DE LA FUGUE RÉELLE.

Les règles qui vont servir plus loin pour la Fugue tonale sont les mêmes que pour la Fugue réelle, la seule différence qui existe entre ces deux espèces de fugues est que la réponse au sujet dans la Fugue réelle se fait tout simplement et très exactement à la dominante sans aucune autre précaution, et qu'il n'en est pas du tout de même dans la Fugue tonale comme on le verra quand il va en être question.

EXEMPLE d'un sujet de FUGUE RÉELLE.

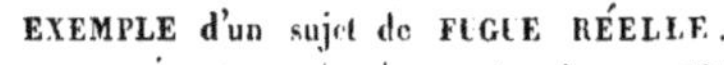

Réponse du sujet à la Dominante.

Pour faire la réponse à la dominante dans la fugue réelle on est souvent obligé de faire une Queue afin comme on l'a dit plus haut d'enchaîner la modulation. Cette queue est un passage libre qui peut subir des changements quand elle est reproduite à la fin de la réponse pour faire rentrer le sujet. EXEMPLE.

On verra à la fin des explications apportées pour la Fugue tonale un exemple de Fugue réelle.

DE LA FUGUE TONALE OU FUGUE DU TON.

La Fugue du ton est celle dans laquelle le sujet et la réponse ne doivent pas sortir des limites de l'octave, c'est-à-dire que si le sujet marche de la tonique à la dominante la réponse marchera de la Dominante à la Tonique, ou si le sujet marche de la dominante à la tonique, la réponse ira de la tonique à la Dominante. Ainsi tout se réduit donc à répondre à ▥ par ▥ qui à la vérité en variant d'un nombre infini de manières donne une quantité de combinaisons particulières, c'est alors qu'il faudra faire la part des phrases de mélodie qui appartiennent à la Tonique et des phrases qui appartiennent à la Dominante afin de mettre à chacune d'elle les accords qui leur sont propres, comme on peut le voir dans ce qui suit.

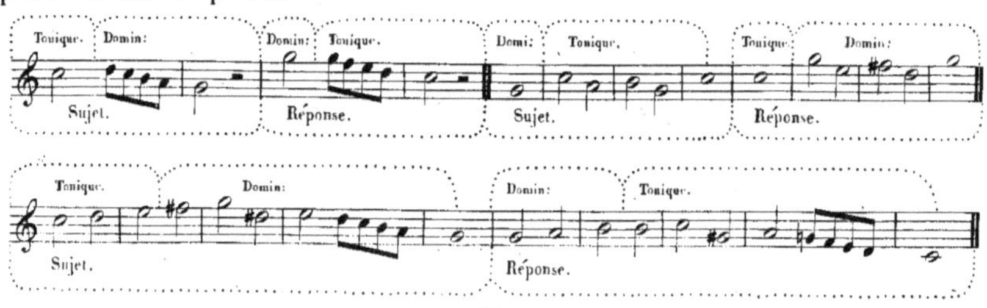

La difficulté de trouver la réponse à un sujet de fugue du ton comme l'on voit, vient de ce que la gamme se divise en deux parties inégales dont l'une comprend quatre degrés en montant de la Tonique à la Dominante et l'autre de trois en montant de la Dominante à la Tonique, cela oblige à faire quelques changements [1] dans la réponse du sujet pour placer autant que possible les demi-tons aux mêmes endroits, afin de ne pas quitter les cordes essentielles du ton.

Voici les principales régles à observer pour trouver la réponse à un sujet de Fugue.

1°.   Au commencement et à la fin d'un sujet on répond à une Tonique par une dominante et à une dominante par une Tonique.

2°.   Dans le courant du sujet on répond aussi à une Dominante par une tonique et une Tonique par une Dominante autant que possible et cela peut presque toujours se faire tant que le sujet ne module pas à la Dominante, mais du moment qu'il y à modulation cette régle devient sans effet.

Le sujet de Fugue suivant ne modulant pas, non seulement au commencement mais encore au milieu, la réponse de la Tonique se fait-elle par la Dominante, et la Dominante par la Tonique pendant toute la durée du sujet.

Le Sujet de Fugue suivant modulant dans le courant de la phrase la règle précédente ne peut être observée.

3°.   Pour répondre à trois degrés par quatre, il faut que la réponse fasse quelque part une tierce au lieu d'une seconde, et pour répondre à quatre degrés par trois il faut que la réponse fasse quelque part l'unisson au lieu de la seconde.

EXEMPLE de la réponse d'une Seconde par une Tierce.

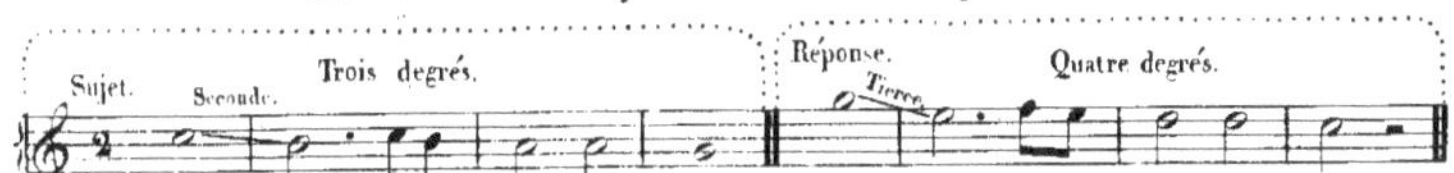

EXEMPLE de la Réponse de la Seconde par l'unisson.

(1) Le terme consacré pour exprimer CHANGEMENT est le mot MUTATION.

4°. En répondant au sujet il ne faut pas altérer les valeurs des notes, ainsi quand on répond à une seconde par l'unisson, il faut répéter deux fois la même note. EXEMPLE.

5°. Il faut autant que possible répondre à un demi-ton par un demi-ton comme on va le voir dans les Exemples suivants.

La règle qui consiste à observer les demi-tons à beaucoup d'exceptions plus particulièrement dans le mode mineur comme on le voit dans les réponses suivantes.

Il y a des sujets auxquels on peut répondre régulièrement de plusieurs manières c'est-à-dire sans heurter les règles que l'on vient de donner, dans ce cas il faut choisir la réponse qui altère le moins le sujet.

EXEMPLE.

Quoique la seconde réponse de cet Exemple soit moins régulière que la première elle est préférable en ce qu'elle s'éloigne moins du sujet.

Dans la Fugue moderne le sujet peut commencer et finir par telle note du ton que ce soit, par consé-quent on répond à une seconde de tonique par une seconde de Dominante, à une tierce de tonique par une tierce de dominante &c....

DU CONTRE-SUJET.

Le Contre-sujet dans la fugue réelle n'offre aucune difficulté, par la raison que le sujet ne changeant pas dans sa réponse, puisque cette réponse n'est qu'une transposition éxacte à la Dominante, le Contre-sujet aussi ne peut-être qu'une transposition pareille.

De même que dans la fugue du ton, il faut traiter le Contre-sujet ou les Contre-sujets s'il y en à plusieurs en Contre-point double.

EXEMPLE d'un Sujet et d'un Contre-sujet.

Réponse à la Dominante sans aucun changement dans le Contre-sujet si ce n'est qu'il est reproduit aussi à la quinte supérieure.

Il n'en est pas de même dans la Fugue du Ton, car il y a presque toujours une mutation dans le contre-sujet qui provient du changement qu'opère la réponse au sujet de la Fugue. EXEMPLE.

La mutation peut ne pas avoir lieu si on commence le contre-sujet après l'endroit ou le sujet de la Fugue opère son changement, voici un second contre-sujet ajouté à celui de l'Exemple précédent qui se trouve dans ce cas là.

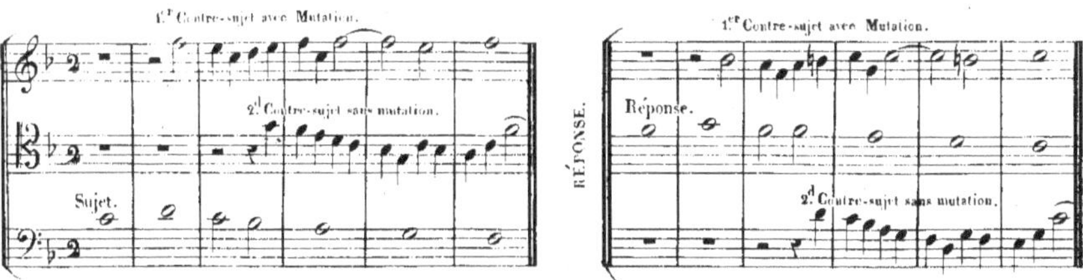

Il peut arriver que la mutation dans les réponses des Contre-sujets entrave la marche de l'harmonie c'est alors qu'il faut rejetter ces contre-sujets et en refaire qui soient plus convenables.

DU DÉVELOPPEMENT PARTIEL DU SUJET POUR SERVIR
À FAIRE DES DIVERTISSEMENTS OU ÉPISODES.

Les divertissements ou épisodes sont comme il à été dit tirés du sujet d'une fugue et traités en Contre-point simple et presque toujours en imitation, pour les créer voici la manière de s'y prendre, on à un sujet de Fugue comme par exemple celui-ci.

on le divise en petites portions de phrase ainsi qu'il suit :

une fois cette opération faite on prend chacune de ces parcelles de phrase à laquelle on donne un petit développement, c'est alors qu'on obtient autant d'épisodes divers ; ainsi avec les portions de phrase N.º 1, 2, 3, 4, 5, 6 on peut avoir les résultats suivants ou tout autre.

EPISODE produit avec le N.º 1.

Autre EXEMPLE.

EPISODE produit avec le N.º 2.

Autre EXEMPLE.

Episode produit avec le N.º 3.

Autre EXEMPLE.

Episode produit avec le N.º 4.

Autre EXEMPLE.

Episode produit avec le N.º 5.

Autre EXEMPLE.

Episode produit avec le N.º 6.

Autre EXEMPLE.

Si le sujet de la fugue n'offre pas d'épisodes bien saillants on peut en chercher d'autres dans les Contre-sujets.

— Quand la matière qui sert à former les divertissements est trop nombreuse il faut en rejeter les parties les moins intéressantes.

— Les divertissements ne doivent pas par leur longueur faire perdre l'idée de la Fugue ils peuvent être de 2 à 16 et au plus 20 mesures; ils ne doivent pas être non plus trop multipliés cinq à six suffisent dans une longue Fugue.

— Ils ne faut pas faire entrer dans les Épisodes d'autres valeurs que celles contenues dans le sujet et les contre-sujets autrement dit dans l'exposition de la Fugue, ainsi, si les notes les plus brèves d'une exposition sont des noires, il ne faut pas y introduire des croches, de même que si les notes les plus brèves sont des croches, il ne faut pas y admettre des doubles croches, mais l'inverse existe on peut employer dans le courant de la Fugue des valeurs plus longues que celles existant déjà, il n'est pas nécessaire de dire qu'il faut que cela soit avec mesure et ménagement.

DU STRETTO.

Le STRETTO ou serré est le rapprochement de la réponse du sujet dans le sujet même; on fait ce rapprochement le plus prêt que le sujet peut le permettre, quelquefois il se trouve deux Stretto comme le sujet suivant le comporte, dans ce cas on peut les employer tous les deux en finissant par le plus serré.

EXEMPLE de deux STRETTO sur le même sujet de Fugue.

(1) Ce Sujet de Fugue est le même que celui employé Page 119.

2.ᵈ STRETTO plus serré à 4 parties.

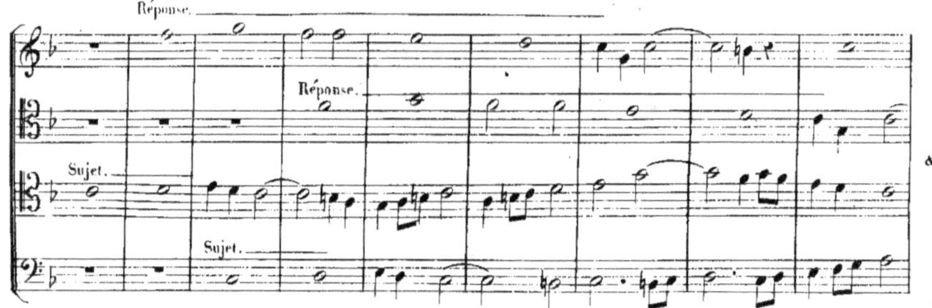

Le STRETTO étant un des points importants de la Fugue il est indispensable avant toute chose de s'assurer si ce stretto existe, car il faut rejeter tous sujets qui ne se prêtent pas à cette exigence.

—— Plus on peut conserver de temps dans le STRETTO le sujet et la réponse intacte, mieux cela vaut.

—— On fait des STRETTO à l'inverse, par augmentation, et par diminution dans le genre des canons que l'on à vu précédemment dans cet ouvrage ces STRETTO ne sont nullement obligatoires.

DE LA CONDUITE DE LA FUGUE.

Pour commencer et pour bien distinguer le sujet. on le fait entendre seul dans la partie qui paraît la plus convenable et calculée de manière à ce que les autres parties soient aussi bien écrites dans leur diapason, ensuite vient la réponse au sujet dans l'une des parties accompagnée par le Contre-sujet dans la même partie qui à fait précédemment le sujet.

Si la Fugue est à plus de deux parties on fait dire à tour de rôle où le sujet où sa réponse à chaque partie puis aussi les contre-sujets.

Quand on à entendu toutes les parties réunies quelque temps ensemble on interrompt pendant un instant la marche régulière des parties par des divertissements ou épisodes qui doivent conduire la fugue à des tons relatifs. Il faut éviter de fermer le sens de ces épisodes c'est à dire d'en faire entendre leurs cadences parfaites afin de donner plus de liaison à la Fugue.

Les tons relatifs dans lesquels la Fugue peut moduler sont d'abord celui à la quinte supérieure puis ensuite les tons secondaires tels que ceux à la quarte, et les tons relatifs mineurs. Si l'on veut prolonger la fugue on peut même faire entendre des tons plus ou moins éloignes mais toujours en rapport avec le ton primitif.

—— On peut rester plus ou moins longtems dans les tons dans lesquels on module en évitant toutefois la monotonie.

—— Il faut autant que possible que dans la reproduction de la Fugue avec les tons relatifs que les parties qui ont fait précédemment le sujet fassent à leur tour la réponse et que ceux qui ont fait la réponse fassent le sujet.

—— On peut vers le milieu de la Fugue soit que l'on veuille s'éloigner du ton ou s'en rapprocher si l'on en est loin, faire des canons à la 4.ᵗᵉ ou à la 5.ᵗᵉ tirés d'un des membres de phrase de la fugue, et si au contraire on veut rester dans le ton c'est alors que l'on peut faire des canons à l'8.ᵛᵉ ou à l'unisson puis ensuite après avoir mélangé toutes les combinaisons précédentes de divertissements vient le stretto, s'il n'y en a qu'un et ensuite les pédales de dominante et de Tonique sur lesquelles on peut faire des canons à l'inverse, soit tout autre canon, soit des contre-points à la 10.ᵐᵉ ou à la 12.ᵐᵉ.

Si l'on veut encore prolonger la Fugue, avant d'employer les STRETTO et les pédales on peut la traiter à l'inverse comme on le verra à l'avant dernière figure de cet ouvrage.

On observera que hors les points principaux, il est arbitraire de retrancher de la Fugue quelques parties de ce qui vient d'être indiqué dans sa conduite sans pour cela cesser d'être une bonne Fugue, de même aussi on peut très bien ajouter différentes espèces d'artifices comme on va le voir dans les Fugues qui vont suivre les deux premières.

EXEMPLE d'une Fugue réelle à deux sujets et à deux voix.

(1) On appelle CONTRE EXPOSITION quand à son tour la réponse commence et que le sujet répond.

Sujet en LA mineur.
Contre-sujet.
Contre-sujet.
réponse.
Divertissement formé du sujet et d'un Contre-point libre.— Autre divertissement de 11 mesures pris du Contre-sujet.
Contre-sujet.
Sujet à la seconde note du ton en mode mineur.
modulation.
Sujet à la Sous-Dominante suivi d'un divertissement servant à ramener le ton principal de la Fugue.
Contre-sujet.
réponse.
Stretto.
Sujet.
Sujet.
Autre Stretto commençant par la partie aigue.
réponse.
Conclusion ou CODA formé d'un divertissement pris toujours dans le sujet.

EXEMPLE d'une FUGUE du ton à un seul sujet et à deux parties.
Allegro Moderato.
Sujet.
SOPRANO.
exposition de 12 mesures
ALTO.
réponse.
Episode de 6 mesures.
réponse.
Contre-exposition.
Sujet.
Episode de 5 mesures.
Sujet transposé.
Episode de 9
mesures.
Sujet dans le ton relatif mineur.
Episode de 6 mesures.
Stretto.
réponse.

On peut si l'on veut pour donner un intérêt de plus à une Fugue soit à **2**, **3** parties et plus, lui ajouter une basse qui ne participe en aucune façon au sujet ni à ses Contre-sujets et parconséquent n'imitant rien, son but étant seulement de nourrir l'harmonie en la rendant plus complète et plus claire, voici la Fugue précédente avec une basse d'accompagnement.

Même FUGUE simple avec une basse non obligée.

Allegro Moderato.

Più mosso.
2. S.

Quand on compose une fugue à trois parties pour Piano ou pour Orgue on est libre de lui ajouter une quatrième partie de temps à autre, mais alors cette partie n'étant qu'accessoire ne compte en rien dans la formation de la fugue.

EXEMPLE d'une Fugue du ton à 3 sujets et à 4 voix.

2.d Contre-sujet.
1.er Contre-sujet.
Réponse au sujet à la Dom.te
Sujet à la Dominante.
1.er Contre-sujet.
Sujet à la Dominante.
2.d Contre-sujet.
Divertissement pris du 2.d Contre-sujet
Sujet à la Sous-Dominante.
1.er Contre-sujet.

1.er Contre-sujet.
Réponse du sujet à la Sous-Dominante.
2.d Contre-sujet.
Sujet à la Sous-Dominante.
2.d Contre-sujet.
Divertissement.
1.er Contre-sujet.
Canon à l'8.ve
Partie libre servant de divertissement.
2.e S.

Sujet à l'inverse.
1.er Contre-sujet.
2.d Contre-sujet.
Réponse au sujet à l'inverse.
Sujet.
Réponse au 1.er Contre-sujet.
Réponse au 2.d Contre-sujet.
Sujet à l'inverse.
Stretto à 2 parties.

Canon à l'inverse.
Stretto à 4 parties.

Sujet doublé.
Canon à 2 parties et à 2.de supérieure.
Pédale.
Stretto du sujet renversé.
Pédale de Tonique.

On peut quelquefois oter l'aridité et la monotonie qu'apporte presque toujours la fugue la mieux faite en lui donnant un intérêt puissant, intérêt qu'on ne pourra obtenir qu'autant que le sujet ou les contre-sujets seront plus ou moins bizards, plus ou moins originaux, qu'autant aussi que dans la conduite de la fugue on aura su ménager les effets et les mettre au grand jour dans les temps et lieux necessaires, qu'autant enfin que les paroles pourront intéresser à un plus ou moins haut degré, mais on voit déjà qu'il faut plus que les règles pour faire une telle fugue, il faut aussi du génie. Voici un Exemple qui donnera une idée de ce qu'on peut faire dans ce genre de composition.

LES EGOÏSTES (Scène bouffe)

Fugue à quatre voix et à trois sujets.

si dé chi
dans ce mo ment si dé chi
si dé chi rant
dans ce mo ment si dé chi rant
un poco cres cen
rant ce mo ment dé chi rant ce mo
rant ce mo ment dé chi rant ce mo
ce mo ment dé chi rant ce mo
ce mo ment de chi rant ce mo
un poco cres cen
do Lento.
ment si dé chi rant vraiment dé chi rant quel le dou leur res sent mon
ment si dé chi rant vraiment dé chi rant quel le dou leur res sent mon
ment si dé chi rant vraiment dé chi rant quel le dou leur res sent mon
ment si dé chi rant vraiment dé chi rant quel le dou leur res sent mon
do
Lento.

coeur dans ce mo_ment si déchi_rant dans ce mo_ment si déchi_rant
coeur dans ce mo_ment si déchi_rant oui, dans ce moment si déchirant
coeur dans ce mo_ment si déchi_rant oui, dans ce moment si dé_chi_rant
coeur dans ce mo_ment si déchi_rant oui, dans ce moment si dé_chi_rant
ff doloroso. sosten:
et ce_pen_dant Ici les éxécutans Moderato quasi Allegro.
et ce_pen_dant se mouchent Gaiment et avec malignité.
ppp doloroso. sosten:
et ce_pen_dant plusieurs fois. Oui sans être a_ra_
et ce_pen_dant
pp doloroso. ppp doloroso.
Moderato quasi Allegro.
sf rf
gaiment et avec malignité.
Oui sans être a_va_ _be ni cor_
_be ni cor_sai_re je te le dis a_ _mi sans hé_las j'ai du bon ta_bac dans ma ta_ba_

sai_re je te le dis _____ a _ mi sans hé _ las j'ai du bon ta_bac dans ma ta_ba_
_tie _ re j'ai du bon ta_bac tu n'en auras pas tu n'en au_ras pas ah _____
sardoniquement.
oui sans être a _ra _______ be _ ni cor_
gaiment et avec malignité.
_tie _ re j'ai du bon ta_bac tu n'en auras pas tu n'en au_ras pas ah _____
sardoniquement.
oui sans être a _ra _______ be ni cor_
gaiment et avec malignité.
_sai _ re je te le dis _____ a _ mi sans hé_ las j'ai du bon ta_bac dans ma ta_ba_
_sai _ re je te le dis _____ a _ mi sans hé_ las' j'ai du bon ta _ bac dans
oui sans être a _ ra ____ be ni cor_
_tie _ re j'ai du bon ta_bac tu n'en auras pas tu n'en au ____ ras pas.

oui sans être a_ra_ _ _ _ be ni cor_ sai_ _ re oui je te le dis
ma _ _ ta_ba_tiè_ re oui sans être a_ra_ _ _ be ni cor_ saire a
sai_ re je te le dis oui sans être a_ra_ _ be a
oui sans être a_ra_ _ _ be ni cor_ sai_ re oui oui sans
tu n'en au_ _ _ ras pas oui sans
sardoniquement.
_ _ _ mi ah_ _ _ _
_ mi je te dis j'ai du bon ta_bac dans ma ta_ba_tiè_ re j'ai du bon ta_bac tu n'en au_ras pas tu n'en
être a_ra_ _ _ be ni cor_ sai_ re je te le dis a_ mi sans hé_
être a_ra_ _ _ be ni cor_ sai_ re je te le dis a_ mi sans hé_
oui sans
au_ras pas ah_ _ _ _
_ las j'ai du bon ta_bac dans ma ta_ba_tiè_ re j'ai du bon ta_bac tu n'en auras pas tu n'en

_las j'ai du bon ta_bac dans ma ta_ba_tiè_re j'ai du bon ta_bac tu n'en auras pas tu n'en
être a_ra_______be ni cor_sai_re je te le dis a_mi sans hé_
oui sans
sardoniquement.
au_ras pas ah!
au_ras pas oui_______sans être a_ra_be oui
_las j'ai du bon ta_bac dans ma ta_ba_tiè_re j'ai du bon ta_bac tu n'en auras pas tu n'en auras
être a_ra_______be_ ni cor_sai_re je te le dis tu n'en au_ras pas_
oui_______sans être a
sans être a_rabe a_mi tu n'en au_ras pas ah______
pas oui sans être a_rabe a_mi tu n'en au__ras
tu n'en au_ras_ pas tu n'en au_ras pas ah______
_rabe a_mi tu n'en au_ras pas ah______

pas   ah
Ici tous les
exécutans font   j'ai du bon ta _ bac   dans ma
mine de prendre   oui _________ j'ai du bon ta _ bac dans ma ta _ ba _
leur tabatière et
de priser.   oui sans être a _ ra _________ be je te le
j'ai du bon ta _ bac dans ma ta _ ba _ tiè _ re   ah _ _ _ _ _ _ _
ta _ ba _________ tiè _____ re   j'ai du bon ta _ bac   tu n'en au _ ras
_ tiè _ re   j'ai du bon ta _ bac   tu n'en auras pas tu n'en au _____ ras _____ pas   tu n'en au _ ras
dis _____ a _ _ _ mi   j'ai du bon ta _ bac dans ma ta _ ba _ tière   j'ai du bon ta _

j'ai du bon ta _ bac tu n'en au_ras pas tu n'en
pas j'ai du bon ta_bac dans ma ta_ba _ tière j'ai du bon ta _
pas ah _ _ _ _ bac tu n'en au _ ras pas ah _ oui mon a_mi, j'ai du bon ta_bac dans ma ta_ba
au _ ras pas oui mon a _ mi j'ai du bon ta _
_ bac tu n'en au _ ras pas tu n'en auras pas
oui mon a _ mi j'ai du bon ta_bac dans ma ta _ ba _ tière oui mon a _ mi j'ai du bon ta _
tière oui mon a _ mi j'ai du bon ta_bac tu n'en auras pas tu n'en au_ras pas
bac dans ma ta_ba _ tière oui mon a _ mi j'ai du bon ta_bac tu n'en auras pas, tu n'en au_ras pas
oui, mon a _ mi j'ai du bon ta_bac dans ma ta_ba_tière oui, mon a _ mi j'ai du bon ta _
bac tu n'en au_ras pas, tu n'en au_ras pas tu n'en au _ ras pas
tu n'en au _ ras pas

tu n'en au_ras pas oui sans être a_ra_
bac tu n'en auras pas tu n'en au_ras pas tu n'en au_ras pas
oui a_mi tu n'en au_ras pas oui, a_mi tu n'en auras
oui a_mi oui a_mi tu n'en auras pas oui tu n'en au_ras
be a_mi j'ai du bon tabac dans ma ta_ba_tiè_re j'ai du bon ta_bac tu n'en auras
j'ai du bon ta_bac dans ma ta_ba_tiè_re j'ai du bon ta_bac tu n'en au_ras pas tu n'en auras
pas tu n'en au_ras pas
pas
pas tu n'en au_ras pas a_mi tu n'en au_ras
pas tu n'en au_ras pas a_mi a_mi a_
j'ai du bon tabac dans ma ta_ba_tière j'ai du bon ta_bac tu n'en auras
j'ai du bon tabac dans ma ta_ba_tiè_re j'ai du bon ta_bac tu n'en au_ras pas tu n'en auras

pas oui, oui, j'ai du bon ta _ bac ah _ dans ma ta_ba
_mi j'ai du bon ta_bac tu n'en au_ras pas a _ mi je te le dis sans hé
pas tu n'en au _ ras pas tu n'en au_ras pas a_mi tu n'en auras pas j'ai du bon ta
pas oui je

_tière ah _ j'ai du bon ta_bac ah _ tu n'en auras pas oui j'ai _ du bon tabac ah _
_las j'ai du bon ta_bac ah! dans ma ta_ba_tière ah _ j'ai du bon ta_bac ah _ tu n'en auras
_bac ah _ dans ma ta_ba_tière ah _ j'ai du bon ta_bac ah _ tu n'en auras pas ah _ j'ai du bon ta
te le dis j'ai du bon ta_bac ah _ dans ma ta_ba_tière ah _ j'ai du bon ta

j'ai du bon tabac ah _ oui sans être a _ ra _ be ni cor
pas ah _ je te le dis j'ai du bon tabac dans ma ta_batiè _ re j'ai du bon ta_bac
_bac ah _ dans ma ta_batière ah _ tu n'en auras pas a _ mi ah _
_bac ah _ tu n'en auras pas j'ai du bon ta_bac dans ma ta _ ba

_sai _ re je te le dis _ a _ mi sans hé _ las j'ai du bon ta _ bac dans ma ta _ ba _
tu n'en auras pas oui sans être a _ ra _ _ _ be ni cor _
_tie _ re j'ai du bon ta _ bac tu n'en auras pas tu n'en au _ ras pas ah _
_tie _ re j'ai du bon ta _ bac tu n'en auras pas tu n'en au _ ras pas ah _
_sai _ re je te le dis _ a _ mi sans hé _ las j'ai du bon ta _ bac dans ma ta _ ba _
oui sans être a _ ra _ _ _ be ni cor _
_ _ j'ai du bon ta _
_tie _ re j'ai du bon ta _ bac tu n'en auras pas tu n'en au _ ras pas tu n'en au _ ras pas
_sai _ re je te le dis _ a _ mi a _ mi oui sans être a _ ra _
oui sans être a _ rabe a _ _ mi je te le

_bac dans ma ta _ ba _ tiè _ re j'ai du bon ta _ _ _ bac _ _ _ ah _ oui sans
j'ai du bon ta _ bac dans ma ta _ ba _ tiè _ re j'ai du bon ta
_ _ be ni cor _ sai _ re je te le dis a _ _ _ _ _ _ mi tu n'en au _ ras pas
dis oui _ _ sans être a _ ra _ _ _ _ be ni cor _ sai _ re je te le
être a _ ra _ _ _ _ _ be ni cor _ sai _ re je te le dis a _ _
_ _ _ bac _ ah _ oui _ sans être a _ ra _
j'ai du bon ta _ bac dans ma ta _ ba _ tiè _ re j'ai du bon ta _ _ _ bac _
dis a _ _ _ _ mi tu n'en au _ ras pas j'ai du bon ta _
mi tu n'en au _ ras pas j'ai du bon ta _ bac dans ma ta _ ba _
_ be ni cor _ _ sai _ re je te le dis a _ _ _ _ mi tu n'en au _ ras
ah _ oui sans être a _ ra _ be _ ni _ cor _
_ bac dans ma ta _ ba _ tiè _ re j'ai du bon ta _ _ _ bac _ ah _

serrez le mouvement.
un poco f
tiè_re ah Ici tous les exécutans oui sans
un poco f
pas ah doivent faire semblant oui sans être a _
un poco f
sai _ re ah d'éternuer plusieurs oui sans être arabe a _
fois.
un poco f
ah oui sans être a _ rabe a _
serrez le mouvement.
être a _ rabe a _ mi oui sans être a _ rabe a _ mi oui sans
rabe a _ mi oui sans être a _ rabe a _ mi oui sans être a _
_ mi a _ mi oui sans être a _ rabe a _ mi a _ mi oui sans être a _ rabe a _
_ mi oui sans être a _ ra_be a _ mi oui sans être a _ rabe a _
être arabe a _ mi a _ mi je te dis je te dis Ici tous les exécutans
rabe a _ mi a _ mi a _ mi je te dis je te dis doivent encore faire
_ mi a _ mi je te dis je _ te dis je _ te dis semblant d'éternuer
_ mi je te le _ dis plusieurs fois. j'ai du bon ta_bac

oui sans être a ra
oui sans
dans ma ta ba tiè re j'ai du bon ta bac tu n'en auras pas j'ai du bon tabac dans ma ta ba tiere
be ni cor saire a mi je te le dis oui je te le dis
être a ra be je te le dis oui sans être a ra
oui sans être a ra be ni cor sai re je te le dis oui sans
j'ai du bon tabac tu n'en auras pas oui sans être a ra be je te le dis sans hé las
cres cen
j'ai du bon tabac dans ma ta batiè re j'ai du bon tabac tu n'en auras pas j'ai du bon ta bac
be ni cor sai re je te le dis ami sans hé las j'ai du bon tabac dans ma ta ba
être a ra be ni cor sai re je te le dis a mi sans
j'ai du bon ta bac tu n'en au ras pas tu n'en au ras pas oui, oui, j'ai du bon ta
cres cen

151
do poco à poco Più mosso. ffdans ma ta_ba_tiè__re j'ai du bon tabac tu n'en auras pas je te le dis j'ai du bon ta
tiè___re j'ai du bon ta_bac j'ai du bon ta_bac j'ai du bon ta_bac j'ai du bon ta
tiè_las j'ai du bon tabac j'ai du bon ta_bac je te le dis j'ai du bon ta
bac dans ma ta_ba_tiè__re j'ai du bon ta_bac tu n'en auras pas j'ai du bon ta
bac dans ma ta _ ba _ tiè_re j'ai du bon ta_bac tu n'en au_ras pas il est tout frais et tout ra_
bac dans ma ta _ ba _ tiè_re j'ai du bon ta_bac tu n'en au_ras pas il est tout frais et tout ra_
bac dans ma ta _ ba _ tiè_re j'ai du bon ta_bac tu n'en au_ras pas il est tout frais et tout ra_
bac dans ma ta _ ba _ tiè_re j'ai du bon ta_bac tu n'en au_ras pas il est tout frais et tout ra_
pé ça n'sra pas pour ton vi_lain nez j'ai du bon ta_bac dans ma ta_ba_tiè_re j'ai du bon ta_
pé ça n'sra pas pour ton vi_lain nez j'ai du bon ta_bac dans ma ta_ba_tière j'ai du bon ta_
pé ça n'sra pas pour ton vi_lain nez j'ai du bon ta_bac dans ma ta_ba_tière j'ai du bon ta_
pé ça n'sra pas pour ton vi_lain nez j'ai du bon ta_bac dans ma ta_ba_tière j'ai du bon ta_
Più mosso.
2ᵉ S.

sempre ff
bac tu n'en au_ras pas tu n'en auras pas tu n'en auras pas
sempre ff
bac tu n'en au_ras pas tu n'en auras pas tu n'en auras pas
sempre ff
bac tu n'en au_ras pas tu n'en auras pas tu n'en auras pas
sempre ff
bac tu n'en au_ras pas tu n'en auras pas tu n'en auras pas
sempre ff
Moderato.
concentrato.
tu n'en auras pas quel_le dou_leur res_
concentrato.
tu n'en auras pas quel_le dou_leur res_
concentrato.
tu n'en auras pas quel_le dou_leur res_
concentrato.
tu n'en auras pas quel_le dou_leur res_
8
loco.
Moderato.
Allegro.
ff
sent mon coeur mais tu n'en auras pas.
ff
sent mon coeur mais tu n'en auras pas.
ff
sent mon coeur mais tu n'en auras pas.
ff
sent mon coeur mais tu n'en auras pas.
ff
Allegro.
ff
ff
FIN.

Dans le cas ou l'on croirait devoir placer une fugue dans une scène et que les paroles ne s'y placeraient pas bien on pourrait la faire faire par la partie instrumentale qui servirait alors d'accompagnement aux voix ajoutées.

EXEMPLE d'une Fugue instrumentale réduite en quatuor accompagnant un CHOEUR à quatre parties. (✿)

(✿) Si l'exposition de cette Fugue sert ici d'introduction ou de ritournelle au Chœur, c'est que cela à paru plus convenable pour la circonstance; n'ayant aucune règle à suivre on doit dire que généralement le classement des paroles sur la musique est du en grande partie à l'imagination.

f
Ad___es________te fi__de___les
Ad__es______te fi__de___les
2.ᵉ S.

lae _ _ _ _ _ _ ti   lae _ ti tri _ om _ _ phan _ _ tes   lae _ _ ti
lae _ _ _ _ _ _ ti   lae _ ti tri _ om _ _ phan _ _ tes   lae _ ti
lae _ ti tri _ om _ _ phan _ _ tes triom _ phan _ _ tes ve _ ni _ te
lae _ ti tri _ om _ _ phan _ _ tes triom _ phan _ _ tes ve _ ni _ te   ve _ ni _ _ _
ad   Je _ _ _ _ _ sum   ad Je _ _ _ _ _ sum
ve _ ni _ te   ad   Je _ _ _ _ _
ad   Je _ _ _ _ _ _ _

ac_cur_ri _______ te   Je ______ sum a _ mo _ ris thro ___
sum ac_cur_ri _______ te   Je ______ sum a _ mo_ris thro
_no   con _ si _ den ___ tem ve _ ni _ te   a_do_remus domi _ num ve_ni _ te
_no   con _ si _ 'den ___ tem ve _ ni _ te   a_do_remus domi _ num
ve_ni _ te   adore _ mus   adoremus domi _
ve_ni _ te   ve_ni _ te a _ do _ re ___ mus   adore_mus domi _

num.
num.
ad es te fi de les ad es te fi
ad es te fi de les ad es te fi
de les lae ti tri om phan tes ve ni te
de les lae ti tri om phan tes ve ni te

158
ve__ni_te ad Je____sum ac_cur_ri____te Je__sum a____
ve_ni_te ad Je_____sum ac_cur_ri____te Je__sum a____
mo__ris throno consi_den_____tem ve_ni_te a_do_remus do______mi___
mo__ris throno consi_den_____tem ve_ni_te a_do_remus do______mi___
_num.
_num.
2.S.

DE QUELQUES OBSERVATIONS SUR LES INSTRUMENTS,
DE LEUR ÉTENDUE ET DE LEUR EMPLOI DANS L'ORCHESTRE.

DES INSTRUMENTS EN GÉNÉRAL.

Dans les orchestres les instruments à vent tels que les Flûtes, les Hautbois, les Clarinettes, les Cors, les Trompettes, les Cornets à pistons, les Bassons ont chacun une première et une seconde partie qui doivent s'harmoniser entr'elles indépendamment du rapport qu'elles ont toutes ensemble, c'est-à-dire que les deux parties du même instrument prises séparément doivent avoir une bonne harmonie autant que possible; c'est donc en faisant marcher les ins_truments de même espèce par TIERCES, par SIXTES, par UNISSONS, par OCTAVES et quelquefois par mouvement contraire que l'on peut obtenir cette harmonie, ainsi on voudrait faire chanter le passage suivant par deux Flûtes et deux Hautbois il ne faudrait pas écrire les parties de la sorte.

parceque de la seconde manière les Flûtes et les Hautbois pris séparément font bonne harmonie, au lieu que de la première manière les Flûtes font à elles seules deux 4.tes

Sauf des cas tous particuliers il ne faut pas par la même raison écrire deux parties de Cor comme on va le voir:

Il en est à peu près de même pour les instruments à cordes, car il y a aussi une première et une seconde partie de Violon qui doivent autant que possible faire bonne harmonie ensemble, il n'y a que l'alto qui n'a qu'une seule partie de son espèce mais alors il doit se mettre en rapport avec la basse; il est volontier chargé de faire la quinte des accords.[*] Il faut d'après ce qu'on vient de dire que non seulement les deux parties de Violons marchent bien ensemble, que l'alto et la basse en fassent autant, que les quatre parties réunies soyent indépendantes, et qu'elles puissent enfin faire une harmonie compacte jointes aux instruments à vent.

Les voix doivent aussi former bonne harmonie entr'elles indépendamment d'un accompagnement quelconque, ainsi un DUO qui aurait pour mélodie ces quatre premières notes ne pourrait pas avoir pour seconde partie quand bien même il y aurait dessous un accompagnement qui jus_

---

[*] C'est peut-être par cette raison qu'on appelle aussi cet instrument la Quinte, ce serait aussi judicieux que de faire provenir l'o_rigine de son nom en ce que cet instrument est une Quinte plus bas que le violon.

tirait les accords comme par Exemple celui-ci.

Il faudrait pour que ces deux mêmes parties fussent bonnes qu'une troisième voix vint en aide pour harmo_niser ce chant l'accompagnement ne comptant pour rien; ainsi les deux mêmes parties qui sont mauvaises en DUO vont être bonnes en TRIO.   EXEMPLE.

DE L'ÉTENDUE DES INSTRUMENTS À CORDES.

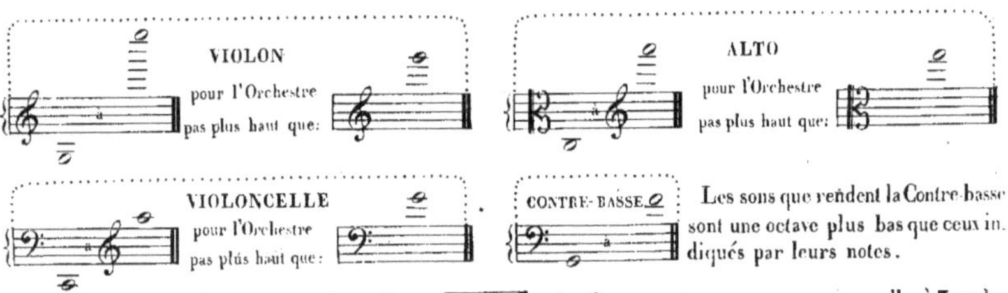

Il y a des contre-basses à 4 cordes qui descendent au [musique] mais elles ne sont pas en usage comme celles à 3 cordes.

Dans les instruments à cordes on peut faire très facilement deux notes à la fois, et même trois et quatre avec ces derniers nombres elles ne peuvent pas être entendues parfaitement ensemble; on ne peut employer cette pluralité de sons sans connaître le mécanisme des doigts sur chacun de ces instruments.

DE L'ÉTENDUE DES INSTRUMENTS À VENT.

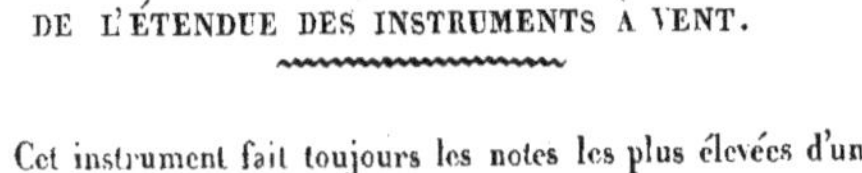

Cet instrument fait toujours les notes les plus élevées d'une composition. On écrit presque toujours qu'une seule partie de flûte dans un orchestre.

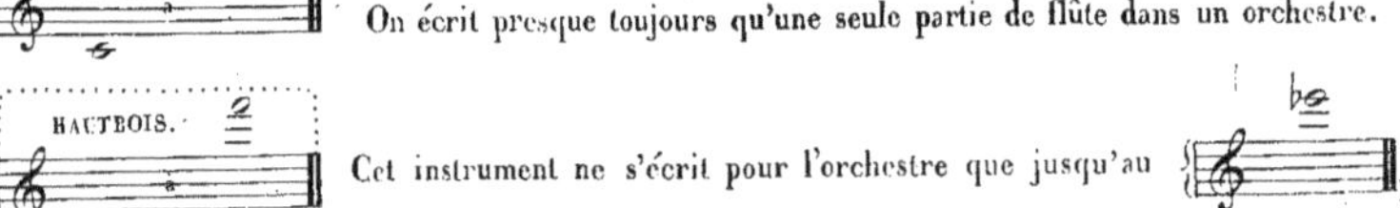

Cet instrument ne s'écrit pour l'orchestre que jusqu'au [musique]

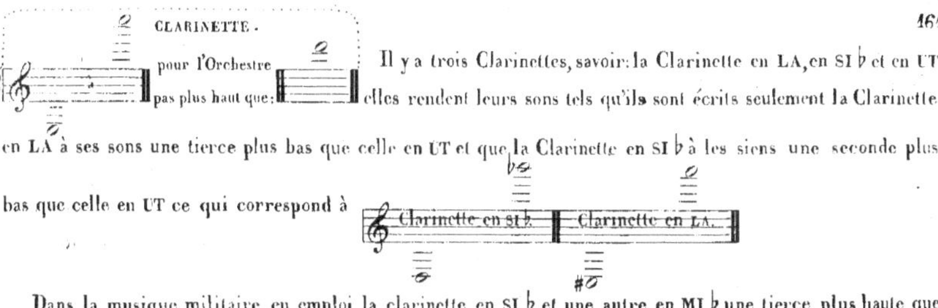

Il y a trois Clarinettes, savoir: la Clarinette en LA, en SI♭ et en UT elles rendent leurs sons tels qu'ils sont écrits seulement la Clarinette en LA à ses sons une tierce plus bas que celle en UT et que la Clarinette en SI♭ à les siens une seconde plus bas que celle en UT ce qui correspond à

Dans la musique militaire en emploi la clarinette en SI♭ et une autre en MI♭ une tierce plus haute que celle en UT, dont voici l'étendue

ce qui correspond à

Les Clarinettes ne pouvant pas exécuter facilement les tons chargés de Dièses ni de Bémols, c'est par le moyen de ces clarinettes de différents tons qu'on arrive à leur rendre cette exécution facile, en ce que par exemple dans un morceau qui aurrait quatre dièses à la clef, avec la clarinette en LA et jouant en SOL on obtiendrait le ton de MI rien qu'avec un seul accident, il en serait de même pour exécuter un morceau en MI♭, dans la musique non militaire, il faudrait prendre la clarinette en SI♭ et jouer dans le ton de FA. On voit qu'avec ses différentes clarinettes on peut diminuer de beaucoup le nombre des accidents qui peuvent se trouver à la clef.

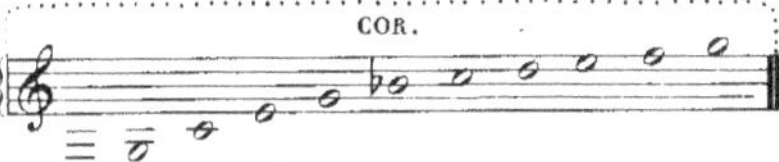

Les Cors n'ont que les notes précédentes qu'elles puissent jouer à l'orchestre.

Dans le concerto le cor par le moyen de l'introduction du poing dans le pavillon fait non seulement tous les tons et demi-tons de l'étendue précédente mais encore il peut aller jusqu'à l'UT suivant:

Les sons que rendent le Cor sont une octave plus bas qu'ils ne sont marqués.

___ Les Cors ne jouent toujours qu'en UT, c'est avec des tons de rechange qu'ils s'accordent avec l'orchestre. Voici ses tons de rechange. Ton de RÉ, de MI♭, de MI♮, de FA de SOL, de LA de SI♭ haut et de SI♭ bas. la note UT suivant le ton de rechange représente les notes posées sur les degrés de la gamme; tel qui suit:

Il arrive très souvent que pour avoir un plus grand nombre de notes à faire on mette le premier cor dans un ton et le second dans un autre, par exemple si un morceau est en UT MINEUR il serait bon d'avoir un cor en MI♭ et un autre en UT de cette façon on obtiendrait la tierce mineure d'UT et bien d'autres notes qu'on aurait pas sans cela. dans les grands orchestres on met souvent quatre cors, un 1er et un 2^d dans un même ton, et un 3e et un 4e dans un autre.

Les Trompettes n'ont que les notes précédentes elles rendent les sons à l'octave marquée, par conséquent si les Trompettes doublent les Cors elles se trouvent naturellement à distance d'octave.

Les Trompettes transposent comme les cors, elles jouent donc toujours en UT comme eux, elles en ont les différents tons de rechange.

2.S.

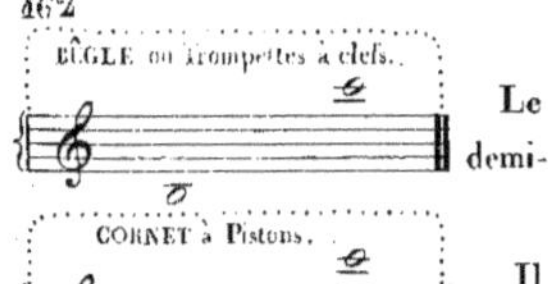

Le Bûgle est monté en SI ♭ il y en a aussi en UT ils font tous les tons et demi-tons de l'étendue précédente.

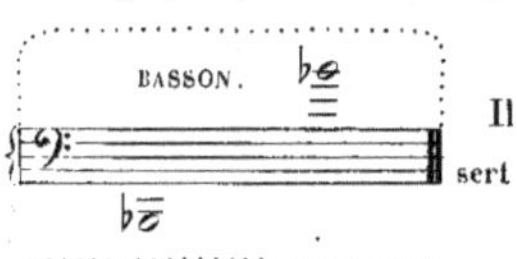

Il a tous les tons et demi-tons contenus dans l'étendue précédente et rend ses sons à l'octave ou ils sont marqués.

Bien que le Cornet à pistons ait tous les demi-tons, il faut lui mettre le moins d'accidents possibles à la clef, c'est pourquoi il en est de cet instrument comme des clarinettes, il faut choisir dans ses tons de rechange celui qui diminuera le plus le nombre d'accidents qui se trouvent à la clef. Voici tous les tons de rechange qu'il possède Ton d'UT, de RÉ, de MI ♭, de MI ♮, de FA, de SOL, de LA, et de SI ♭.

Il n'y a aucune observation à faire sur cet instrument si ce n'est qu'on ne s'en sert plus dans la musique militaire il est remplacé par l'Ophicléide.

cet instrument fait tous les tons et demi-tons contenus dans l'étendue précédente.

Dans la musique militaire on se sert aussi d'un Ophicléide monté en SI ♭ par conséquent un ton plus bas que celui en UT.

Les Trombonnes sont comme l'on voit au nombre de trois, un Trombonne BASSE, un Trombonne TAILLE et un HAUTE-CONTRE ; on ne se sert presque plus de ce dernier alors quand on veut employer trois trombonnes on met deux Trombonnes tailles et un Trombonne basse ; quand on ne s'en sert que d'un seul c'est pour doubler la basse alors c'est celui de ce nom qui est en usage.

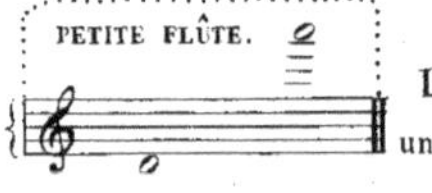

Dans les orchestres on n'emploie que la Petite Flûte à l'octave elle rend ses sons une octave plus haut que ceux que l'on vient d'indiquer.

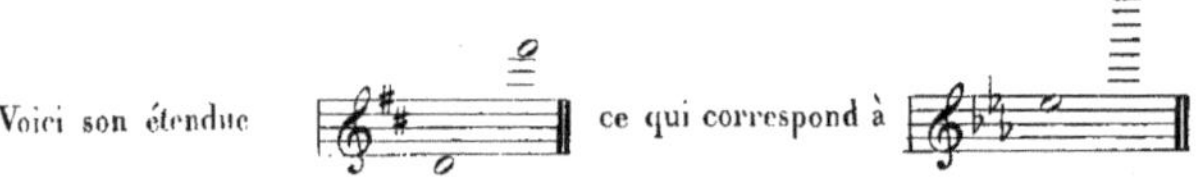

les voici tels qu'elle les rend la petite flûte ne s'emploie guère dans les masses qu'à partir du car les sons plus bas seraient trop faibles. Dans la musique militaire on se sert d'une petite Flûte en MI ♭, elle joue en RÉ le ton le plus éclatant pour cet instrument, elle est un demi-ton plus haut que celle à l'octave

Voici son étendue   ce qui correspond à

elles ont différents tons que l'on obtient en serrant plus ou moins les vis qui sont autour de l'instrument, elles n'ont que deux notes, la Tonique et la Dominante, elles s'écrivent sur la clef de FA et toujours dans le ton d'UT en marquant en marge le ton dans lequel l'exécutant doit les accorder. dans les grandes compositions on emploie quelquefois deux paires de Timballes pour avoir alors quatre notes non pas à faire chanter quoiqu'à la rigueur en combinant leurs sons on puisse y arriver, mais bien pour renforcer les masses et obtenir des effets de Rhythmes originaux.

Le roulement sur cet instrument se marque comme il suit:

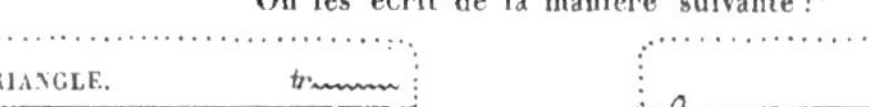

Ou par le mot Italien Tremolo. ou si le roulement est de peu de durée, on peut l'écrire ainsi qu'il suit.

Les CORS, les TROMPETTES, les CORNETS à PISTONS et les TIMBALLES peuvent changer de ton dans le courant d'un morceau, mais dans ce cas il faut laisser des pauses à compter à l'exécutant, afin qu'il ait le temps de faire ce changement.

DES INSTRUMENTS QUI N'ENTRENT PAS DANS LA COMBINAISON DE L'HARMONIE.

Ces instruments qu'on emploie pour augmenter la force des masses et en marquer les temps et la mesure sont le TRIANGLE, les CYMBALLES, le TAMBOUR, le PAVILLON CHINOIS et la GROSSE-CAISSE, ils sont employés plus particulièrement dans des marches triomphales et dans la musique militaire que partout ailleurs

On les écrit de la manière suivante:

La partie scholastique de l'art de la composition étant terminée, l'élève devra maintenant s'essayer à écrire des œuvres musicales soit dans le genre vocal ou instrumental et analogue à son génie, car l'imagination à besoin d'être fréquemment exercée et la faculté de créer et d'écrire ses idées avec aisance et exactitude ne s'acquiert que par une longue pratique: joint à l'exercice de son imagination l'élève devra souvent ana_ liser les partitions des compositeurs célèbres de toutes les écoles, cette excellente étude ne peut manquer d'exercer une heureuse influence sur son organisation musicale.

FIN.

TABLE DES MATIÈRES.

FIN DE LA TABLE DES MATIÈRES.

Gravure et Impression de CHIARINI
Rue Montorgueil, 35, Paris.

www.ingramcontent.com/pod-product-compliance
Lightning Source LLC
Chambersburg PA
CBHW071147130726
47998CB00002B/422